부동산 리터러시

커뮤니케이션이해총서

급변하는 커뮤니케이션 환경에서 새로운 지식에 대한 욕구가 높아지고 있습니다. 이러한 흐름에 발맞추어 하나의 커뮤니케이션 주제를 10개 항목으로 묶어서 달걀 꾸러미처럼 엮었습니다. 사회의 변화를 빠르게 알기 원하는 대중과 시대에 앞선 지식을 단시간에 알고자 하는 연구자, 실무자, 학생에게 도움이 되는 책입니다.

일러두기

- 인명, 작품명, 저서명, 개념어 등은 한글과 함께 괄호 안에 해당 국가의 원어를 병기했습니다.
- 외래어 표기는 현행 어문규정의 외래어표기법을 따랐습니다.

커뮤니케이션이해총서

부동산 리터러시

서정렬·김현아·서우빈

대한민국, 서울, 커뮤니케이션북스, 2026

부동산 리터러시

지은이 서정렬·김현아·서우빈
펴낸이 박영률

초판 1쇄 펴낸날 2026년 1월 22일

커뮤니케이션북스(주)
출판 등록 2007년 8월 17일 제313-2007-000166호
02880 서울시 성북구 성북로 5-11
전화(02) 7474 001, 팩스(02) 736 5047
commbooks@commbooks.com
www.commbooks.com

CommunicationBooks Inc.
5-11, Seongbuk-ro
Seongbuk-gu, Seoul, 02880, KOREA
phone 82 2 7474 001, fax 82 2 736 5047

ISBN 979-11-430-1741-3 04300

책값은 뒤표지에 표시되어 있습니다.

차례

부동산에 대한 이해와 활용을 위한 사용설명서

부동산에 대해서는 모든 사람들이 아는 것처럼 이야기 한다. 임시 거주 또는 장기 거주를 목적으로 직접 집을 구해 봤거나 또는 투자해 봤고 간접적으로라도 투자를 지켜봐 왔기 때문이다. 그러나 부동산 시장이 어떻게 움직일 것이냐고 물으면 쉽게 답하지 못한다. 부동산 시장이 움직이는 '메커니즘(mechanism)'에 대해 모르기 때문이다. 아니 정확히는 이것에 대해 제대로 가르쳐 주거나 배울 수 있는 곳도 없었기 때문이다.

부동산 가격은 무조건 '우상향', 즉 상승해서 오르는 것으로 안다. 왜냐하면 떨어져 본 적이 드물기 때문이다. 그렇기에 특별히 배울 필요도 없었다. 부동산은 사두면 오르는 대표적인 투자 상품으로 인식되고 있기 때문이다. 그러다 2019년과 2020년을 지나면서 국내 부동산 시장은 커다란 변곡점을 맞았다. 전국적으로 부동산 가격이 상승하기 시작했기 때문이고, 또 불과 몇 년 지나지 않은 2021년 이후 부동산 가격이 하락 국면을 맞았기 때문이다.

불과 몇 년의 기간을 보내면서 '지금 아니면 집을 살 수 없다, 지금이 가장 쌀 때'라면서 영혼까지 끌어 모아 '영끌'을 했다. 그러다 보니 집값이 상승하면서 나 혼자 사는 1인 가구들은 대거 서울의 높은 집값을 피해 서울의 변두리나 경기도로 전셋집을 구해 '탈 서울'했다. 그나마 거주할 거처를 구해 다행이다 싶었는데 '전세 사기'를 당했다. 급격한 집값 상승기와 하락기가 맞물리면서 2024년 말 기준 서울 강남의 아파트 가격은 3.3㎡(평)당 '1억 원'이 넘은 반면 지방(부산)의 아파트 가격은 3.3㎡(평)당 '1500만 원' 수준으로 하락했다. 서울은 2021년 이후 하락하는 듯하다가 다시 추가적으로 집값이 상승한다는데 지방은 왜 떨어지는 것일까? 서울의 집값이 지방에 비해 여전히 더 비싼데 2020년과 2021년 서울의 집값 상승률보다 지방의 집값 상승률이 더 높았던 이유는 무엇일까? '정부 실패(government failure)'에 따른 '규제의 역설(paradox of regulations)'이 작용한 탓이고 그래서 지방 집값이 '풍선 효과'로 더 높은 상승률을 보인 것이라면 어떻게 이해해야 할까?

이 모두 '부동산'에 대해 제대로 알지 못했기 때문이다. 알지도 못하면서 그동안 알고 있는 척했다고밖에 볼 수 없다. 인터넷 등 디지털 플랫폼에 대한 지식과 이용 상의 불편을 해소할 때 요구되는 '문해력'으로서의 '디지털 리터러시(digital literacy)'처럼 '부동산 리터러시(literacy)'가

필요한 이유다.

부동산에 대한 '문해력'이 필요한 이유

부동산은 이제 사두면 오르는 상품이 아니다. 그런데도 그렇게 알고 있었던 것은 부동산에 대한 경제적 이해가 부족한 탓이다. 자동차는 오래 갖고 있으면 '감가상각'되어 가격이 떨어진다는 것을 다 안다. 같은 이치가 앞으로 부동산에도 적용된다.

서울의 재건축 아파트는 오래되었지만 여전히 가격이 다른 신축 아파트에 비해 비싼 '물건(아파트)'도 있다. 재건축 사업이 추진된 이후의 집값 상승분이 이미 집값에 반영된 때문이라고 설명해 주면 쉽게 이해한다. 그렇다고 지방 재건축 아파트까지도 서울 재건축 대상 아파트처럼 가격이 집값에 반영되어 있거나 재건축 이후 아파트 가격이 오를 수 있을까를 생각하면 반드시 그렇지 않다는 것이 옳은 답변이다. 왜냐하면 서울은 집값이 지속적으로 상승할 가능성이 있는 반면, 지방의 집값은 인구 감소 등의 영향으로 가격이 하락할 수 있기 때문이다.

이런 이유로 부동산에 대한 '문해력(literacy)'이 요구된다. 부동산 가격을 결정하는 요인은 다양하다. 특히, 우리나라와 같이 수출 중심의 무역 국가이면서 해외의 경제 상황에 영향을 많이 받을 수밖에 없다면 더욱 그렇다. 미 연방준비제도(Fed., 연준)에 의한 미국의 기준 금리 변동에도 민감하다. 금리는 부동산 시장과 밀접하다. 금리가 오르면 대출받아 집을 사는 소비자가 원금뿐 아니라 이자 부담으로서의 원리금 상환에 대한 부담이 커질 수밖에 없다. 따라서 부동산을 사려는 사람에게는 금리가 높기보다는 낮을 때 유리하다. 이뿐 아니다. 정부의 정책 방향 역시 중요하다. 정권별 부동산 가격의 변동을 살펴보면 정권을 잡은 정부의 부동산 정책 방향이 얼마나 중요하고 어떤 영향을 끼쳤는지를 알 수 있다. 부동산 정책의 불확실성이 부동산 시장에 미치는 영향이 지대하다는 것을 지난 몇 번의 경험을 통해 확인할 수 있기 때문이다. 부동산 가격이 수요와 공급에 따라 결정되는 것은 맞지만, 수요와 공급에 영향을 미치는 다양한 변수들에 의해 시장 가격이 영향을 받을 수 있다는 점에서 가격에 영향을 미치는 변수와 요인들에 대한 이해로서의 문해력이 필요하다고 할 수 있다.

부동산에 대한 경제적 이해와 활용 필요

기획재정부가 실시한 '2024년 초 · 중 · 고 학생 경제이해력 조사' 결과가 발표됐다(2025.2.19). 조사 결과 초6은 61.5점, 중3은 51.9점, 고2는 51.7점으로 경제 이해에 대한 수준이 '60점에 현저히 미달'하는 것으로 나타났다. 지역별로는 서울 · 대구 · 세종 등이 점수가 높았다. 이에 따라 교사들의 70%는 '경제 교육이 어렵다'고 느끼는 것으로 확인되었다. 이런 이유 때문인지 2025년부터 고등학교 교육과정에 '금융과 경제생활'이 선택 과목으로 신설된 바 있다(2024.10.25).

우리나라 국민들의 거주 형태와 자산 보유 실태를 살펴보면 흥미로운 부분이 발견된다. 우리나라 주택 유형 가운데 아파트가 차지하는 비중이 2020년 62.9%이며 2022년 우리나라 국민 가운데 51.9%가 아파트에 거주하고 있다(2023.12.30). 또한 보유 자산의 약 80%를 부동산으로 소유하고 있다는 사실이다. 아파트가 우리나라 도시 주거의 대표적인 주택 유형일 뿐만 아니라 아파트와 같은 부동산 자산이 보유 자산의 80%를 육박하니 아파트에 대한 관심을 넘은 집착과 아파트 가격 변화에 따른 예민함을 동시에 갖고 있다고 할 수 있다. 그야말로 '아파트 공화국'이자 '아파트 사회학'이라는 말이 그냥 만들어진 단어가 아니라는 생각이 들 정도다.

아파트와 부동산 자산으로서 부동산에 대한 관심은 일정기간 앞으로도 지속될 것으로 보인다. 그러나 앞으로 얼마나, 언제까지 부동산에 대한 관심이 계속될지는 장담

할 수 없다. 우리나라의 인구가 지속적으로 감소하고 있고 지방은 이로 인해 소멸 가능성 우려가 언급되고 있기 때문이다. 2021년 행정안전부에 의해 고시된 '인구 감소 지역' 관련 이슈는 우리나라 전체 부동산 시장과 관련해 이전과는 다른 양상이 펼쳐질 수 있음을 단적으로 보여 주는 사례다. 지금은 서울 · 수도권과 지방 부동산 시장 간 그리고 지방 안에서도 가격 상위 지역과 하위 지역 간 양극화가 언급되고 있지만, 앞으로는 더욱 심화된 양극화로 인한 '탈 동조화(de-coupling)' 현상으로 개별 부동산 하위 시장(sub- market)별로 '분극화'내지는 '다극화'될 것으로 예상된다. 이것은 특정 집값의 주변 지역 또는 주변 도시와의 단순 비교 자체가 의미 없어질 수 있다는 점에서 향후 부동산 시장의 변화에 대한 추가적인 관심과 시장 변화에 대한 구체적인 파악으로서의 모니터링이 필요하다고 할 수 있다.

부동산 시장의 변화를 파악하기 위해서는 부동산 시장의 트렌드를 알 수 있다면 효과적이다. 또한 부동산 시장 관련 데이터 등에 대한 체계적인 확인 등 두 가지가 필요하고 중요하다.

첫째, 부동산 시장의 트렌드와 관련해 트렌드는 '추세(tendency)'와 '방향(direction)'이다. 2025년의 부동산 트렌드 키워드 가운데 하나는 '아보하'다. '아보하'는 서울대학교에서 펴내는 『트렌드 코리아 2025』에도 소개된 단어다. '아보하'의 뜻은 '아주 보통의 하루'다. 일상으로서의 하루를 평범한 듯 '소소하지만 확실한 행복(소확행)'으로 맞고 싶고 보내고 싶은 희망이 담긴 신조어라고 할 수 있다.

'아보하'라는 신조어는 각자 입장에서 나름대로 다양하게 해석할 수 있다. 그러나 부동산 측면에서는 증가하고 있는 1인 가구에 집중할 필요가 있다. 2023년 현재 우리나라의 1인 가구는 전체 가구의 35.5%인 782만 9000가구다. 연령대 비중으로는 70대가 19.1%, 29세 이하 18.6% 수준이다. 30대도 17.3%, 60대 17.3% 가량 된다. 1인 가구 입장에서는 '아주 보통의 하루'는 다른 게 없다. 본인이 지불 가능한 적정한 월세(전세)를 내면서 식사를 겸한 휴식이 있는 보통의 하루이기를 바랄 것이다. 2030 젊은 세대의 경우에는 '집밥' 또는 '홈밥(또는 혼밥)'을 즐기고 싶을 것이다.

60세 이상의 노인 1인 가구 입장에서도 직접 요리하는 집밥은 아니지만 늘 거주해 왔던 동네, 집에서 무던한 하루가 잘 지나가기를 희망할 것이다. 은퇴를 앞뒀거나 이미 은퇴한 60대 전후의 연령대는 거주하고 있는 곳에서 계속 살고 싶어 한다. 이것이 학술적으로 정의된 'Aging in

Place(AIP)'다. 개념적으로는 거주하던 지역 사회에서 가능한 오래 건강한 노후를 보내다는 의미로 2007년 세계보건기구(WHO)가 채택한 고령 친화 도시의 대표적인 지침이기도 하다. 그러니 반드시 이 개념이 아니더라도 특별한 경우가 아니라면 은퇴 후에도 거주하고 있는 도시 혹은 도심에 계속 거주를 희망한다는 점에 주목할 필요가 있다. 젊은 1인 가구는 상대적으로 지불 가능한 월세(전세) 수준에 맞는 거처를 찾아 옮긴다는 점에서 고령 1인 가구와는 행태가 다를 수 있다. 젊은 1인 가구는 월세 수준에 맞는 규모가 작은 주택을 선호한다면 고령 1인 가구는 거주하던 주택 그대로의 규모 또는 살고 있던 지역 내에 있는 규모가 줄어든 거처에 거주할 확률이 높다는 측면에서 향후 소형 주택에 대한 선호가 증가할 수 있다는 것에 착안할 수 있다. 이것은 부동산 투자 측면에서도 대형 평형보다는 소·중형 평형대에 대한 선호가 지속될 수 있다는 것으로 볼 수 있다는 점에서 시사하는 바가 크다. 최근 국토교통부에서 1인 가구의 증가에 따라 최저 주거 기준 및 유도 기준의 변화 가능성 등과 관련된 연구 용역 등을 추진하고 있는 것도 이러한 트렌드 파악의 중요성과 연관된다는 점에서 주의 깊게 살펴볼 일이다.

둘째, 부동산 시장 관련 데이터 등에 대한 체계적인 확인과 관련해서는 정부나 공공기관에서 정기적으로 발표해서 보도자료로 배포하거나 언론을 통해 소개되는 부동산 대책이나 시장 조사 자료들을 특정 시점만이 아닌 시장의 흐름을 살펴볼 수 있는 일정기간 동안 꾸준히 살펴보는 노력이 필요하다.

부동산 시장의 흐름을 파악할 수 있는 자료들의 경우 정부 기관에서 발표하는 자료나 데이터들이 공신력이 있다는 점에서 국토교통부 홈페이지 카테고리 가운데 '뉴스 · 소식' 보도자료를 정기적으로 확인해 부동산 시장 관련 정부 대책 발표 내용 등을 살펴볼 필요가 있다. 또 다른 기관은 한국부동산원으로 한국부동산원 홈페이지에서 아파트 청약(청약Home), 부동산 통계(R-ONE), 부동산 가격 공시(공시가격 알리미) 등을 통해 부동산 시장 관련 자료나 데이터 등을 확인할 수 있다. 이 가운데 부동산 시장 동향과 추이를 살피기 위해서는 부동산 통계(R-ONE) 사이트를 '즐겨찾기'로 등록해 놓고 전국 주택 가격의 거의 모든 통계를 살펴보면 된다. R-ONE 사이트를 통해 확인할 수 있는 부동산 시장 관련 데이터는 매매 가격 지수 변동률(%), 전세 가격 시수 변동률(%), 아파트 매매 거래 호수(호수), 지가 변동률(%), 임대 가격 지수 변동률(%) 등 다양하며, 거의 모든 부동산 시장 상황을 한눈에 확인할 수 있다. 특히 전국 주택 가격에 지대한 영향을 미치는 아파트만을 따로 분류해 주간 아파트 가격 동향은 물론 지역별 매매 가격 지수 변동률 등을 단순히 숫자로만이 아닌 시각적으로 보기 쉽도록 인포그래픽(infographic) 형태로 제공하고 있다. 여기에 더해 공표된 데이터들을 한데 모아 '공표 보고서' 또는 '보도자료' 카테고리로 구분해 클릭 한 번으로 쉽게 찾아볼 수 있도록 제공하고 있다.

따라서 부동산 트렌드를 파악할 수 있고 부동산 시장 관련 정부 자료나 데이터를 살펴볼 수 있다면 부동산에 대한 이해와 부동산 시장 관련 '문해력'을 갖추고 있다고 볼 수 있다.

이 책의 구성

이 책은 우리나라 많은 국민들이 관심을 갖고 있는 '부동산' 전반에 대한 올바른 이해와 활용을 위한 '문해력'의 필요성에 대해 다룬다.

선진국과는 달리 자산의 약 80%를 부동산으로 보유하고 있는 우리나라의 특성을 감안할 때 부동산 문제는 일반 국민 다수가 관심을 갖고 있다는 점에서 중차대하다고 할 수 있다. 따라서 부동산 관련 사항은 부동산을 보유하고 있든 아니든 상관없이 일반 국민들 입장에서는 중요한 관심 사항이라는 점에서 그리고 서울 · 수도권과 지방 간 격차와 지방 하위 시장 내 격차 등 이중 양극화가 심화되고 있는 현재의 상황에 대해 부동산 전문가가 아닌 일반인들이 부동산 전반에 대해 쉽게 이해하고 활용하는 데 도움을 줄 수 있는 아이템 중심으로 서술하고자 했다.

그리고 '이해총서'의 편집 의도가 특정 주제를 다루되 일반인들이 쉽게 이해할 수 있도록 전문 분야, 전문 용어를 쉽게 읽힐 수 있도록 기획된다는 점에서 개별적인 10개의 아이템을 구성함에 있어 실제 특정 세대만을 위하기보다는 전 세대가 공감할 수 있는 주제와 관심 사항들을 선정해 작성하고자 하였다.

책 전체의 구성은 총서의 작성 기준에 맞춰 총 10개의 장으로 구성했다. 10개의 장 가운데 첫 장(1장)은 책 제목처럼 부동산 리터러시의 필요성에 대해 설명하고자 했으며 마지막 장(10장)은 8장의 아이템에서 설명한 리터러시 내용을 통해 2026년 현재 시점의 부동산 시장 특성과 향후 전망을 어떻게 이해하고 활용할 지에 대한 인사이트를 담고자 했다.

이외 8장은 우선 3개의 아이템을 통해 부동산 트렌드를 소개하고 기본적으로 알아두어야 할 부동산 금융과 청년 세대의 전세 사기 방지와 임대인, 임차인 간의 문제 해결 등에 대해 다루었고 이후 두 개의 아이템을 통해 부동산 관련 디지털 도구와 프롭테크를 소개하는 데 할애했다. 그리고 나머지 두 개의 장은 부동산 정책과 부동산 투자에 대해 언급했다. 구체적인 장별 구성은 다음과 같다.

1장에서는 앞서 언급했듯이 '문해력'으로서의 '부동산 리터러시'가 어떤 의미고, 왜 필요한지 그리고 부동산 리터러시를 어떻게 이해하고 활용해야 하는지에 대해 밝혔다. 결국 이 책을 왜 집필하게 되었는지에 대한 질문에 답하고자 하였다.

2장에서는 부동산 트렌트를 알아야 향후 부동산 시장의 추세와 방향을 가늠할 수 있고 결국 이러한 추세와 방향을 통해 부동산과 부동산 시장에 대한 통찰이 필요하다는 것을 알아본다. 그 사례로 2025년 트렌드 가운데 하나인 '오보하'를 통해 구체적으로 살펴본다.

3장에서는 2장과 마찬가지로 부동산 분야에 대한 이해를 위해 필요한 부동산 금융에 대한 기초 정보와 활용에 대해 다룬다. 결국 은행 대출을 통해 내 집 마련을 시작하는 만큼 주택 대출 관련 금융 용어에 대한 이해와 더불어 어떻게 활용하는 것이 바람직할지에 대해 설명한다.

4장에서는 청년에게 집이 단순한 생활공간이 아니라 사회적 위계와 계급 경험을 드러내는 중요한 장이라는 점을 살펴본다. 이어서 '벼락거지'와 '영끌' 담론, 청년 주거 정책의 한계, 그리고 유튜브나 인테리어 플랫폼에서 나타난 문화적 실천을 통해 청년 주거 문제의 복합적 양상을 살펴본다. 마지막으로 이를 토대로, 부동산 리터러시가 단순한 정보 습득이 아니라 구조를 이해하고 사회적으로 발화하는 힘이라는 점을 강조한다.

5장에서는 '전세 사기' 때문에 촉발된 것만은 아니지만, 임대인과 임차인 간의 문제를 사회적 갈등이라는 측면에서 조망하고 이에 대한 합리적인 해결 또는 법적인 해결 방안에 대해 모색하고 설명한다.

6장에서는 앞서 부동산 정보의 이해와 활용이라는 측면에서 부동산과 관련된 다양한 디지털 도구들에 대해 살펴보고, 이들 도구들을 어떻게 활용하는 것이 소비자 입장에서 바람직한지에 대해 알아본다. 더욱이 디지털 기술의 발전으로 인공지능(AI)화되고 있는 사례들에 대해서도 언급한다.

7장에서는 6장에 이어 생성형 AI 기술이 접목되고 있는 부동산 관련 프롭테크 업체들에 대해 소개한다. 더불어 인공지능 기술이 어떻게 반영되고 있는지를 이들 업체들이 제시하고 있는 개별 플랫폼에 대해 살펴보면서 개별적인 비즈니스 모델들의 바람직한 활용 방안에 대해 제시한다.

8장에서는 우리나라 부동산 정책의 수립과 결정에 대해 살펴본다. 다른 분야에 비해 공권력을 통한 정부의 개입이 많은 부동산 시장에서 정부의 부동산 정책은 어떻게 만들어지고 수행되었는지를 역대 정부의 부동산 정책을 통해 살펴본다. 특히, 부동산 정책과 부동산 대책이 어떻게 다르고 왜, 부동산 대책이 정권별로 모색되는지에 대해서도 알아본다.

9장에서는 부동산 투자가 무엇이고, 어떤 상품, 대상 등이 있는지 개괄한다. 그리고 부동산 투자로서의 직접 또는 간접 투자 방법에는 어떤 것들이 있고, 그에 따른 리스크(risk)는 어떻게 회피(hedge) 또는 해소할 수 있는지에 대해 부동산 관리 측면에서 살펴본다.

마지막 10장에서는 2025년 부동산 시장의 특성은 무엇이고, 어떤 방향성을 갖고 진행될지를 통해 부동산 시장을 전망한다. 이것은 앞서 살펴본 9개 장별 개별 아이템들을 통해 '부동산 특성'을 개인적 상황 즉, 연령대에 따라 그리고 가족 구성원 수나 자산 규모 또는 수입 규모에 따라 어떻게 이해해야 할지를 모색하게 하는 데 도움을 주고자 할 목적이다. 그리고 '부동산 전망' 부분을 통해서는 각자의 특성에 맞춰 취득한 부동산 관련 정보를 어떻게 활용할지에 대한 인사이트(insight, 통찰)를 제공하는 데 초점을 맞춘다. 이를 통해 향후 전개될 부동산 시장에 대한 독자들 나름의 해석과 판단 능력을 가이던스(guidance) 하고자 한다.

참고문헌

강세훈(2023.12.30), 아파트 거주 51.9%, 단독주택은 30% 아래로[집피지기], ≪뉴시스≫. https://v.daum.net/v/20231230060028180

국토교통부. https://www.molit.go.kr/portal.do

국토교통부 뉴스·소식 보도자료. https://www.molit.go.kr/USR/NEWS/m_71/lst.jsp?search_section=p_sec_2

김용훈(2025.2.19), 중·고등학생 '경제이해력' 51점 '수준 미달'…교사 70% "경제교육 어렵다", ≪헤럴드경제≫. https://biz.heraldcorp.com/article/10423217?ref=naver

김현아(2025.3.15). 부동산 '매매'의 기술?…시장 흐름과 제도 이해하고 투자와 자산관리까지 가능해야[김현아의 시티라이프], ≪이코노미스트≫. https://economist.co.kr/article/view/ecn202503120018

김현아(2025.3.29). 영어 조기교육보다 중요한 것은 금융·부동산 교육[김현아의 시티라이프], ≪이코노미스트≫. https://economist.co.kr/article/view/ecn202503260021

서정렬(2018.1.21), [부동산 깊게보기] 똘똘한 한 채의 부동산 정책적 함의, ≪국제신문≫. https://www.kookje.co.kr/news2011/asp/newsbody.asp?code=0200&key=20180122.22016008465

서정렬(2018). 『아파트 사회학』, 이담북스.

서정렬(2019). 『아파트의 이해와 활용』, 커뮤니케이션북스.

서정렬(2019.11.3), [부동산 깊게보기] 이달 부동산 대책…강남 잡으려다 또 지역시장만 죽일 우려, ≪국제신문≫. https://www.kookje.co.kr/news2011/asp/newsbody.asp?code=0200&key=20191104.22019014229

서정렬(2024.11.25). [부동산현장] 서울 강남 '평당 1억' 시대와 '부동산 리터러시', ≪양산신문≫. https://www.yangsanilbo.com/news/articleView.html?idxno=112630

서정렬(2025.1.6). [부동산현장] AI에게 물어본 '2025년 부동산 시장 전망', ≪양산신문≫. https://www.yangsanilbo.com/news/articleView.html?idxno=113624

서정렬(2025.1.20). [부동산현장] MZ세대를 위한 '부동산 리터러시'의 필요성, ≪양산신문≫. https://www.yangsanilbo.com/news/articleView.html?idxno=113979

서정렬(2025.1.31). [서정렬칼럼] '오보하'와 1인가구의 라이프스타일 변화 트렌드, ≪1코노미뉴스≫. https://www.1conomynews.co.kr/news/articleView.html?idxno=34068

서정렬(2025.2.3). [부동산현장] 베이비부머를 위한 '부동산 리터러시'의 필요성, ≪양산신문≫. https://www.yangsanilbo.com/news/articleView.html?idxno=114206

서정렬(2025.8.25). [부동산현장] '매도시세' vs'매수시세'?, ≪양산신문≫. https://www.yangsanilbo.com/news/articleView.html?idxno=118688

서정렬(2025.11.24). [부동산현장] '부동산 리터러시, '똘똘한 한 채'와 인구 소멸 주택, ≪양산신문≫.
https://www.yangsanilbo.com/news/articleView.html?idxno=120891

서정렬(2025.12.8). [부동산현장] 부동산 암호, '금관구 노도강'의 의미와 함의, ≪양산신문≫.
https://www.yangsanilbo.com/news/articleView.html?idxno=121280

서정렬(2025). 『생성형 AI와 도시·부동산』, 커뮤니케이션북스.

오지은(2024.10.25). 내년부터 고등학교에 금융 과목 신설…피해 사전 방지, ≪연합뉴스≫.
https://www.yna.co.kr/view/AKR20241025092400002?input=1195m

이지나(2025.3.10), [트렌드포커스] '욜로' 가고 '아보하' 트렌드 온다…"주말엔 유튜브 보면서 뜨개질해요", ≪시사캐스트≫.
http://www.sisacast.kr/news/articleView.html?idxno=69770

주영광(2025.03.09), '액티브 시니어', 부동산 시장 지각변동 불러온다, ≪주간동아≫.
https://weekly.donga.com/economy/article/all/11/5473342/1

통계청(2024.12.09), [보도자료] 2024 통계로 보는 1인가구,
https://www.kostat.go.kr/board.es?mid=a10301010000&bid=10820&act=view&list_no=434103

한국부동산원. https://www.reb.or.kr/reb/main.do

한국부동산원 R-ONE(부동산통계정보).
https://www.reb.or.kr/r-one/portal/main/indexPage.do

행정안전부. 인구감소지역 지정,
https://www.mois.go.kr/frt/sub/a06/b06/populationDeclin

e/screen.do
황보준엽(2025.3.11). [단독] 14년 넘은 '1인 4평' 낡은 최저주거기준 면적 넓어진다, ≪뉴스1≫.
https://www.news1.kr/realestate/general/5714480

01

부동산 리터러시의 필요와 이해

부동산 리터러시는 단순히 부동산 관련 용어의 암기가 아니라 부동산 거래와 이용에 필요한 정보를 읽고 분석하는 종합적인 지식과 판단력을 의미한다. 부동산 정보는 넘쳐난다. 그러나 신뢰할 만한 정보를 식별하는 능력과 모아진 정보를 분석해서 의사 결정을 할 수 있는 부동산 문해력은 저절로 얻어지지 않는다. 부동산 리터러시가 왜 필요한지 핵심 내용은 무엇인지 살펴본다.

부동산도 리터러시가 필요하다

부동산 리터러시란 무엇인가. 부동산은 단순한 재화가 아니라 삶의 공간이자 자산이다. 또한 삶의 기본이 되는 주거 안정과 자산 형성에 핵심적인 역할을 한다(김현아, 2025).

요즘 다양한 분야에서 리터러시(Literacy)라는 단어가 언급되고 있다. 원래 리터러시는 '읽고 쓰는 능력'인 문해력을 의미했지만 사회가 변함에 따라 단순히 문자를 해독하는 수준을 넘어 텍스트 이면의 의미를 파악하는 '비판적 리터러시', 그리고 개인이 사회 문화적 소통을 위한 종합적 사고력을 갖추는 '문화적 리터러시'까지 그 개념과 범위가 점차 확대되고 포용하는 주제도 다양해지고 있다. 리터러시의 중요성이 부각되는 이유는 정보의 폭발적 증가와 기술의 발전으로 단순히 지식을 아는 것을 넘어 그것을 활용하는 사람과 그렇지 못한 사람 간의 지식 격차가 점점 심화되고 있기 때문이다. 또한 지식 격차는 개인 간의 기회 격차(Opportunity Gap)와 경제적 격차(Economic Divided)까지도 심화시키고 있다. 대표적으로 디지털 격차(Digital Divide) 사례를 보면 알 수 있다. 부동산도 예외는 아니다(김현아, 2025).

부동산 리터러시는 단순히 부동산 관련 용어의 암기가

아니라 부동산 거래와 이용에 필요한 정보를 읽고 분석하는 종합적인 지식과 판단력을 의미한다. 예를 들어 집을 살 때 필요한 대출의 이자율이나 상환 방식, 부동산 매매 계약서의 조항, 중개 수수료 구조, 세금과 같은 사항들을 제대로 이해하는 능력을 포함한다. 담보 대출의 금리와 원리금 상환 방식을 이해하면 향후 상환 부담을 예측할 수 있고 부동산 등기부 등본 열람 방법을 알면 숨겨진 권리 관계나 전세 보증금 관련 위험을 미리 파악할 수 있다. 부동산 리터러시를 갖춘 사람은 복잡하고 경제적 부담을 초래하는 부동산 거래와 이용 절차를 스스로 점검하고 합리적인 결정을 내릴 수 있게 된다.

왜 부동산 리터러시가 중요한가

부동산 관련 의사 결정은 개인의 경제적 안정에 막대한 영향을 미친다.

집이나 토지와 같은 부동산 자산은 일반 가계 자산의 큰 비중을 차지한다. 부동산에 대한 이해도가 높을수록 부(富)의 형성과 자산 보호에 유리하다. 실제로 부동산을 보유한 사람들은 그렇지 않은 사람들보다 평균 자산 규모가 훨씬 크다. 통계청의 2024 가계 금융 복지 조사 결과에 의하면 한국 가계 자산에서 부동산 등 실물 자산이 차지하는 비율은 75.5%(2023)에 이른다고 한다. 2021년 기준으로 실물 자산 중 부동산 자산으로만 살펴봐도 한국(64%)이 미국(28.5%), 일본(37.0%), 영국(46.2%)에 비해 상당히 높은 비중임을 확인할 수 있다(금융투자협회, 2022). 즉 우리나라는 가계 자산에서 부동산 자산이 차지하는 비중이 높은 만큼 부동산 자산의 유무나 그 규모에 따라 자산 격차가 더 벌어질 가능성이 높다는 뜻이다. 그럼에도 불구하고 많은 사람들이 부동산 지식 부족으로 어려움을 겪고 있다. 예를 들면 저렴한 주택 담보 대출을 받는 방법이나 부동산 거래 시 중개인을 통하는 것과 직거래하는 것의 법적 안정성 및 위험 요인, 적정 수수료를 지급하고 얻을 수 있는 혜택이나 그 반대의 경우에 발생하는 불이익 등에 대해 정확한 정보를 아는 사람이 많지 않다. 부동산 리터러시가 부족하면 사기나 분쟁에 휘말릴 위험도 커진다. 특히 우리나라는 전세라는 독특한 임차 제도로 집을 빌리는 데도 거액의 보증금(일반적으로 전세 보증금은 주택 가격의 40~60% 수준)이 필요한데 이를 위한 전세 보증금 대출, 전세 보증금 반환 보증 등의 복잡한 제도와 절차가 수반된다. 부동산 중개 수수료나 대출 조건을 모르면 불필요한 비용을 지불할 수 있고 시세나 정책 변화를 모르는 상태에서 선부른 결정을 내렸다가 손해를 볼 위험도 있다. 특히 청년층의 영끌 투자(갖고 있는 자산과 대출 한도를 최대한 끌어 모아 부동산을 구매하는 행위) 열풍에서도 알 수 있듯이 충분한 사전 지식 없이 부채를 지고 부동산 시장에 뛰어든 경우 금리 인상이나 경기 변동, 정책 변화 등이 발생하면 막대한 피해나 재정 위기를 맞을 수 있다.

전세 사기도 부동산 리터러시의 부족이 가져온 측면이 있다. 갭 투자와 전세 제도의 복잡한 메커니즘을 악용한 전세 사기가 2022년 대대적인 사회 문제로 대두되어 피해자를 구제하기 위한 특별법(전세 사기 피해자 지원 및 주거 안정에 관한 특별법 2024.11)까지 제정되었다. 관련법에 의해 전세 사기 피해자로 인정받은 임차인은 약 2만 5000명이며 이 중 40대 미만의 청년 비중은 74%에 이른다고 한다. 피해 임차인의 97.4%가 보증금 3억 원 이하였고 1억 원 이하인 비율도 42.2%에 달한다. 피해 주택 유형도 다세대 주택(30.6%) 오피스텔(20.8%), 다가구(18.2%) 순으로 청년들이나 경제적 약자들이었다(한국일보, 2024.12.20). 이들은 깡통 전세나 무자본 갭 투자 등의 수법에 속아 거액의 전세 보증금을 잃은 것이다. 그러나 거래 과정에서 이에 대한 위험 정보나 경고는 어디에도 없었다. 정보가 디지털화된 오늘날 인터넷에는 수많은 정보가 넘쳐나지만 전세 사기를 피할 수 있는 정보는 적었던 것이다. 부동산 관련 정보 역시 넘쳐난다. 그러나 부동산 거래는 다른 소비재와는 달리 워낙 큰 규모의 자금이 소요되기 때문에 작은 실수에도 많은 경제적 손실을 겪게 된다. 따라서 신뢰할 만한 정보를 식별하는 능력과 모아진 정보를 분석해서 의사 결정할 수 있는 부동산 문해력은 정말 중요하다. 부동산 리터러시의 향상은 자신들이 거주하는 주거 환경에 대한 가성비를 높일 뿐만 아니라 다양한 위기 상황을 미연에 방지하고 그에 따른 경제적 손실을 최소화하는 효과를 거둘 수 있다.

부동산 리터러시의 핵심 요소

부동산 리터러시는 다양한 지식 영역을 포함하지만 1) 시장 이해력, 2) 재정 관리 능력 3) 법적 이해도가 핵심이다.

시장 이해력이란 부동산 시장 동향과 가격 결정 요인을 읽어내는 능력이다. 지역 경제, 금리 변동, 정부 정책 변화 등 거시적인 환경이 부동산 가격에 미치는 영향을 파악해야 한다. 예를 들어 금리가 상승하면 주택 담보 대출 이자가 늘어 주택 수요가 감소하고 집값이 하락할 수 있음을 이해해야 한다. 인구 구조나 가구 구성이 총 주택 수요에 영향을 미치는 정도나 소형 주택 수요를 늘리는 효과가 있음을 이해하려면 결국 인구 변화에 대한 거시적 정보의 이해와 해석 능력이 있어야 한다. 부동산만큼이나 정부 정책에 영향을 받는 것도 많지 않다. 왜 20년 이상 된 노후 주택이 재개발 재건축이 예정되거나 가능해지면 신축 아파트의 가격보다 비싸지는지도 부동산 정책이나 재개발 재건축 사업에 대한 이해가 없이는 알 수가 없다. 그래서 부동산은 관련 정책이나 지역별 도시 개발 정보를 잘 살펴야 하며 이를 분석할 수 있는 능력이 필요하다.

재정 관리 능력도 부동산과 밀접한 관련이 있다. 부동산은 취득(매매 혹은 매입)하거나 임차로 빌릴 때, 또는 투자할 때 모두 적지 않은 자금이 필요한데 다양한 대출 상품이나 차입(혹은 부모님으로부터의 지원)이 반드시 수반되기 때문이다. 어떻게 효율적으로 자금을 조달하고 상환하는지는 매우 중요한 부동산 운용 및 위험 관리 능력이다. 이를 위해서는 자신의 예산 한도를 설정하고 대출 상환 계획을 세울 줄 알아야 한다. 가장 유리한 이율로 대출받을 수 있는 상품과 금융 기관을 검색하되 금융 사기 등의 위험 요소를 분별할 수 있는 정보 분석 능력이 필요하다. 무리한 대출이나 과도한 레버리지(영끌)에 의존한 투자는 위험할 수 있기 때문에 예상 수익과 비용(이자 비용)을 현실적으로 평가하고 포트폴리오를 분산하는 지혜가 필요하다.

법적 이해도는 부동산 거래나 소유권 변동 등의 절차와 관련된 법률에 대한 지식이다. 부동산 계약서는 물론 등기, 세금, 임대차 보호법 등의 기본적인 법률 사항을 알아두어야 한다. 이러한 법적 이해도가 부족하면 계약 반환 문제나 임차권 분쟁처럼 예기치 못한 법적 분쟁에 휘말리거나 보증금에 대한 경제적 손실을 입을 수 있다. 특히 부동산 거래는 큰 금액이 오가기 때문에 작은 조항 하나라도 놓치면 큰 손해로 이어질 수 있다. 계약서를 꼼꼼히 검토하고 필요한 경우 전문가 자문을 구하는 등 법률적 리터러시를 갖추는 것이 필요하다. 요즘은 AI의 활용이 급진적으로 늘어나는 추세인데, AI를 제대로 활용하기 위해서(제대로 된 프롬프트 작성이 중요)라도 부동산 리터러시가 중요하다.

위의 세 요소는 상호 보완적이며 모두 중요하다. 시장에 대한 이해 없이는 좋은 매매 시점을 놓치기 쉽고 재정관리가 부족하면 감당하기 어려운 빚을 질 수 있다. 법률 지식이 없으면 사기나 분쟁 위험에 노출되기 쉽다. 따라서 이 세 가지 영역을 균형 있게 학습하고 활용해야만 부동산 거래나 이용에 합리적인 의사 결정을 내릴 수 있다.

참고문헌

금융투자협회(2022.8.25.). 주요국 가계금융자산 비교.

김현아(2025.3.15). 부동산 '매매'의 기술?…시장 흐름과 제도 이해하고 투자와 자산관리까지 가능해야[김현아의 시티라이프], ≪이코노미스트≫.
https://economist.co.kr/article/view/ecn202503120018

김현아(2025.3.29). 영어 조기교육보다 중요한 것은 금융·부동산 교육[김현아의 시티라이프], ≪이코노미스트≫.
https://economist.co.kr/article/view/ecn202503260021

연합뉴스(2022.8.25.) "한국 가계자산, 부동산 등 비금융자산 비중 64%…미국은 29%"
https://www.yna.co.kr/view/AKR20220825070400002

통계청(2024), 2024 가계금융복지조사 결과 보도자료,
https://kostat.go.kr/board.es?mid=a10301010000&bid=215&act=view&list_no=434107

하나금융경영연구소(2024). 대한민국 웰스 리포트 2024.

한국일보(2024.12.20) 전세사기 피해자 2만5000명 넘어섰다. 40대 미만 청년이 74%
https://www.hankookilbo.com/News/Read/A2024122010090003627

KB국민은행(2024). 2023 한국부자보고서.

02

부동산 트렌드와 관련 용어

영끌, 갭 투자, 몸테크, 노도강, 마용성, 부린이, 마피, 초피, 무피, 임장족, 오구, 팔사, 국평, 리터루족, 토허제…. 이들 단어의 공통된 특징이 있다. 부동산 트렌드가 반영된 신조어라는 점이다. 앞으로 지속적으로 변화될 부동산 시장과 부동산 트렌드는 또 다른 신조어들을 만들어 낼 것이다. 신조어들이 만드는 부동산 트렌드에 대해 알아본다.

부동산 관련 '신조어'와 부동산 시장

트렌드(trends)는 '시대'를 반영한다. 따라서 트렌드는 '추세'이자 '방향'이다. 부동산 시장에도 트렌드가 있다(서정렬, 2020).

부동산 트렌드를 확인하기 위해서는 현재 시점에서 부동산과 관련된 '신조어'들을 살펴보면 대강의 추세이자 방향을 확인할 수 있다.

2025년을 전후한 현재 시점에서 언론을 통해 소개되고 있는 부동산 관련 신조어들 가운데 많이 언급되는 단어들은 '영끌', '갭 투자', '전세 사기', '몸테크', '노도강', '마용성', '부린이', '마피', '초피', '무피', '임장족', '오구', '팔사', '국평', '리터루족', '토허제' 등 다양하다. 신조어들 가운데는 이미 이전에 만들어졌으나 최근 다시 유행하는 경우도 있다. 부린이, 리터루족이 그렇고 노도강, 마용성 역시 마찬가지다. 그 만큼 현재 시점까지도 부동산 시장이 여전한 하방 압력으로 녹록하지 않다는 것을 보여 주는 단면이라고 볼 수 있다.

코로나19의 언택트 시대 이후 가장 주목해야 했던 신조어는 다름 아닌 '전세 사기'였다. 2020년 이후 서울 집값 상승으로 아파트 매매 가격과 전세 가격이 오르면서 서울에 살던 많은 젊은 세대가 강서구와 같은 서울 외곽이나 부천, 인천 미추홀구 등으로 '탈 서울'했다. 이들이 '#신축', '#빌라' 등의 검색어를 통해 그나마 신축 빌라나 다세대 주택 등의 전세로 들어갔다. 그런데 가격 상승기에 구한 신축 빌라나 다세대 주택이 2020년을 기점으로 가격이 하락하면서 집주인들이 전세 보증금을 돌려주지 못하는 사태가 발생했고 급기야 전세 보증금을 떼어 먹는 '빌라왕', '건축왕' 등이 언론을 통해 전세 사기의 주범으로 알려지기 시작했다.

'갭 투자'는 전세 사기를 만든 원인이었다는 점에서 지금까지도 언급되는 단어라고 할 수 있다. 빌라왕, 건축왕까지는 아니지만 가격 상승기에 전세 보증금을 제외한 소액 투자로 주택을 매입할 수 있었다는 점에서 전세 사기를 만든 '주범'으로 인식되고 있다. 그런데 중요한 것은 2020년 전후의 갭 투자 자체가 주택 가격이 우상향할 것을 전제로 한 투자 형태였으나 주택 가격이 하락하는 하락 시장에서는 자칫 전세 사기범이 될 수도 있다는 것을 경험하게 한 '시대적 사태'였다는 점에서 상당 기간 동안 언급되거나 회자될 단어라는 점이다.

'영끌'은 '영혼까지 끌어 모은 대출'로 내 집 마련에 나선 사람들을 지칭한다. '이번 생은 망했다'는 의미의 '이생망' 5포 세대 즉, 연애, 결혼, 출산 포기의 '3포 세대'를 넘어 '인

간관계 포기', '내 집 마련까지 포기'한 세대가 '오늘 집값이 가장 싼 날'로 위안 삼으며 영끌 대출로 집을 샀는데 직후 집값이 떨어져 버려 원리금 상환을 버거워하는 세대가 바로 '영끌 세대'라는 점에서 영끌이라는 단어는 참으로 혹독한 단어라고 할 수 있다.

'서울'이 있다면 서울과 대치되는 '지방'이 있다. 바로 서울과 지방 간의 양극화가 그것이다. 이처럼 서울 내에서도 서울 강남 3구(강남구 · 서초구 · 송파구)는 아니지만 대체재 성격의 '마용성(마포 · 용산 · 성동)'이 있다면 그 반대에는 '노도강(노원 · 도봉 · 강북)'이 있다.

'마피'는 '마이너스 피(fee, 수수료)' 즉, 마이너스 프리미엄의 다른 말로 '분양가보다 저렴한 가격의 분양권'을 의미한다. 따라서 '초피'는 분양 초기에 형성된 프리미엄을, '무피'는 분양 가격에 별도의 프리미엄이 붙지 않은 상태의 분양권 가격을 의미한다. 부동산 시장이 좋지 않을 때 형성되는 분양권 가격과 관련된다는 점에서 2021년 이후의 지방 부동산 시장 분위기가 반영된 결과의 신조어라고 할 수 있다.

'임장족(임장크루)'은 2025년 현재 가장 최근에 만들어진 신조어라고 할 수 있다. '임장'과 '족(크루, crew)'의 합성어로 기존에 알려진 현장 방문을 통해 매물의 상태, 주변 환경, 교통 편의성 등을 직접 확인하는 '임장'에 요즘 MZ 세대들 사이에 유행하고 있는 러닝크루와 같은 개념이 덧입혀진 단어라고 할 수 있다.

'오구', '팔사'는 2030세대 젊은 임장족들이 가장 많이 임장하게 되는 주택 규모로 59㎡와 84㎡를 한글 표현으로 부른 것이다. 숫자가 아닌 그냥 한글로 표기하는 게 보편화되면서 일반화된 단어라고 할 수 있다. 팔사의 또 다른 이름이 '국평(국민주택 규모, 국민 평형)'이다. 원래는 주거 전용 면적이 1호 또는 1세대당 84㎡ 이하인 주택을 의미하나 젊은 2030세대가 줄여 말하는 것이 보편화되면서 언제부터인지 '국평'으로 불리게 된 단어다.

'리터루'는 '리턴(return) 캥거루'를 합친 말로 결혼을 위해 독립했던 자녀들이 자녀 양육이나 전세난 등으로 다시 부모에게 돌아오는 현상을 말한다, '토허제'는 토지 거래 허가제의 줄임말이다. 2025년 2월과 3월 서울 강남 일부 지역이 토지 거래 허가로 묶였다가 다시 풀리면서 규제 해제 지역의 아파트 가격이 전 고점을 넘어 상승하였는데 이때 다시 토허제로 묶이면서 확대 재생산된 단어라 할 수 있다.

신조어를 통해 본 부동산 시장의 '추세'와 '방향'

트렌드가 시대의 추세와 방향을 의미하듯, 부동산 트렌드를 만든 신조어들은 결과적으로 부동산 시장의 추세와 방향성을 앞서 보여 준다고 할 수 있다.

전세 사기는 '탈 서울'한 다수의 1인 가구가 처한 현실을 그대로 보여 주는 서울 일극 중심의 '똘똘한 한 채' 선호가 보여 준 '시대적 현상'이라고 할 수 있다.

우리나라의 1인 가구 비율은 2000년 15.5%에서 2023년 현재 35.5% 수준이다. 1인 가구가 더욱 증가하는 사회적 현상과 맞물려 전세 사기를 피해 전세를 회피하게 되면서 '전세의 월세화'를 보여 주고 있기도 하다. 결국 이러한 '시대적 현상'과 '사회적 현상'은 1인 가구의 증가로 인해 대형 주택보다는 중대형 평형대나 소형의 원룸이 선호되는 것과 무관하지 않다.

결국 이러한 경향성은 1인 가구로서의 외로움을 달래기 위해 셰어하우스(공용 주택)로서의 공유 주택 사업 활성화와 연결될 수 있음을 보여 준다. 실제로 전세 사기를 회피하기 위한 수단 또는 외로움을 달랠 수 있는 주거 형태로 공유 주택이 선호되고 있으며, 대기업들이 공유 주택 사업에 참여하고 있기도 하다.

'몸테크'는 (내)몸과 재테크를 합친 신조어다. 불편함을 감소하더라도 노후 주택에서 재개발이나 재건축을 노리며 거주하는 재테크 방식이다. 이 역시 재개발이나 재건축을 통해 레버리지 효과가 가능한 서울 및 수도권 일부 아파트 중심의 추세나 경향성을 보여 주는 신조어라는 점에서 시대적 화두라고 할 수 있는 '똘똘한 한 채'와 맥을 같이 하는 단어라고 할 수 있다. 갭 투자하던 젊은 세대가 이제는 몸테크한다는 이야기가 나올 정도로 그만큼 내 집 마련을 위한 특정 세대들의 선택과 집중을 보여 주는 씁쓸한 단면이라고 할 수 있다.

'토허제' 역시 마찬가지다. 토지 거래 허가 구역은 전국에서 서울 일부 지역이 유일하다. 그 만큼 서울 일부 지역인 강남 일대의 '똘똘한 한 채' 선호는 국내뿐 아니라 국외까지 소문이 나 국내 거주 외국인들의 일부가 서울 강남 아파트를 제한 없이 매매하는 것에 제재가 필요하다는 의견이 나올 정도다. 국내 거주자들은 규제를 받는 반면, 외국인 거주자들은 규제를 받지 않고 투자하는 것을 못마땅하게 보는 시선이 많다. 서울시 차원에서 토허제의 문제점을 지적하면서 규제를 완화한 지 한 달여 만에 전 고점을 상회하는 거래 금액이 다수 확인되면서 이전과 같이 토허제 규제 카드를 다시 꺼낸 것은 부동산에 대한 국민적 관심이 그만큼 크고 규제 해제로 인한 상황 전개가 그만큼 심각할 수 있다는 점을 보여 준 것이다. 이는 부동산에 대한 지자체 차원의 정책 방향 설정과 관련해 중요한 시사점을 남겼다고 할 수 있으며, 향후 참고할 반면교사의 사례를 남겼다고 할 수 있다.

우리나라에서 '부동산 문제'는 여전히 중차대한 뜨거운 감자라는 사실이며 이러한 상황을 읽어낼 수 있는 '문해력'으로서의 부동산 리터러시가 중요하다는 것을 알려주는 대목이기도 하다.

참고문헌

국토교통부(2024.12.27). [보도자료] 「2023년도 주거실태조사」 결과.

서정렬(2017). 『1인 가구』, 커뮤니케이션북스.

서정렬(2020). 『부동산 트렌드 시사용어사전 1 – 시사 및 일반 트렌드 분야–』, 부연사.

서정렬(2023.6.22), [서정렬칼럼] '전세사기'보다 무서운 '역전세'와 1인 가구 , ≪1코노미뉴스≫. https://www.1conomynews.co.kr/news/articleView.html?idxno=23932

서정렬(2023.10.31), [서정렬칼럼] '거지방' 유행으로 본 1인 가구의 '부동산세계관' , ≪1코노미뉴스≫. https://www.1conomynews.co.kr/news/articleView.html?idxno=25617

서정렬(2024). 『부동산 트렌드 시사용어사전 2 – 시사 및 인문사회 분야–』, 부연사.

서정렬(2025.1.31), [서정렬칼럼] '오보하'와 1인 가구의 라이프스타일 변화 트렌드, ≪1코노미뉴스≫. https://www.1conomynews.co.kr/news/articleView.html?i

dxno=34068
서정렬(2025.3.17), [부동산현장] '부동산 신조어' 통해 보는 부동산 트렌드, ≪양산신문≫.
https://www.yangsanilbo.com/news/articleView.html?idxno=115062
통계청(2024.12.9). [보도자료] 2024 통계로 보는 1인 가구.

03

부동산 금융에 대한 기초 정보와 활용

부동산은 한 사람 인생에서 가장 큰 돈이
들어가는 자산이다.
빚과 이자, 상환 조건, 정부 지원 같은 금융
조건을 잘 아는 게 집값만큼이나 중요하다.
부동산 관련 자금을 마련하고, 갚고, 활용하는
것이 바로 부동산 금융이다.

부동산 금융이란

부동산 금융이란 주택을 포함한 부동산을 취득, 보유, 개발, 관리, 처분하기 위해 자금을 조달하고 운영하는 금융 활동 전반을 의미한다(이성근 · 서경구, 2005).

집이나 건물처럼 값비싼 부동산을 한 번에 현금으로 사기란 누구나 쉽지 않다. 대부분의 국가에서는 부동산을 구입할 때 은행에서 돈을 빌리거나, 정부의 지원 대출을 받는 것이 일반적이다. 이런 식으로 부동산 관련 자금을 마련하고, 갚고, 활용하는 것이 바로 '부동산 금융'이다.

부동산 금융은 생각보다 다양하게 우리 실생활에서 발견할 수 있다. 크게 나누면 아래와 같은 종류가 있다. 첫째 자금을 '어디에 쓰느냐'에 따라 집을 매매로 살 때는 주택 구입 자금(예: 디딤돌 대출, 보금자리론), 전세로 들어갈 때는 전세 보증금 대출(예: 버팀목 전세 자금 대출), 건물을 지을 때는 개발 자금 대출[예: 프로젝트 파이낸싱(PF)], 집을 가진 뒤 유지 비용이나 생활 자금이 필요할 때는 주택을 담보로 하는 주택 담보 대출, 은퇴 후 집을 이용해서 생활비로 쓰고 싶을 때는 역모기지(주택 연금) 등의 금융 상품을 이용할 수 있다. 이런 부동산 금융 덕분에 집값이 부족해도 대출로 집을 마련할 수 있고 전세금을 한 번에 내기 어려울 때 도움이 된다. 주택 연금의 경우에는 집을 팔지 않고도 매달 연금을 받을 수 있는 등 사용자에게 혜택을 준다.

일반적으로 우리나라에서는 개인이 금융 기관에서 대출을 받고자 할 때 담보를 요구하는데, 부동산 특히 아파트의 담보 가치는 다른 자산보다 높은 편이라 긴급하게 목돈이 필요할 때 보유하고 있는 집을 담보로 주택 담보 대출을 이용하는 경우가 많다.

돈을 어떻게 마련하느냐에 따라 은행에서 이자 내고 돈 빌리는 형태가 있는가 하면 리츠(REITs), 부동산 펀드처럼 사람들이 돈을 모아 건물에 투자하고, 나중에 수익을 나눠 가는 투자 방식의 자금 조달 방법도 있다. 주택 금융의 경우에는 민간 은행이나 제2 금융권, 보험사 등에서 대출 형태로 빌려주고, HF, LH, HUG에서 지원하는 정책 금융은 사회적 약자나 서민층에게 공급된다. 리츠, 부동산 펀드, MBS 등 자본 시장 기반의 투자 자금은 주로 사업자(공급자)가 부동산 개발 및 건설 자금을 조달할 때 사용하는 방식이다.

왜 부동산 금융을 알아야 할까

부동산은 한 사람 인생에서 가장 큰 돈이 들어가는 자산이다. '빚'과 '이자', '상환 조건', '정부 지원' 같은 금융 조건을 잘 아는 게 집값만큼이나 중요하다.

부동산 금융은 단순히 집을 사기 위해 은행에서 대출을 받는 행위를 의미하지 않는다. 이는 우리가 일생 동안 가장 많은 돈을 투입하게 되는 자산인 '주택'과 관련된 의사 결정을 가능하게 해 주는 핵심 수단이며, 동시에 재무적 안정성과 직결되는 것이다. 그럼에도 불구하고 많은 사람들이 '부동산은 어려운 분야', '금융은 전문가의 영역'이라 생각하며 거리감을 느낀다. 하지만 부동산 금융은 바로 우리 삶의 현실이며, 그 원리를 아는 것이야말로 주거 안정과 자산 형성의 출발점이 된다.

예를 들어, 집을 살 것인가 전세로 거주할 것인가의 결정은 단순한 선호의 문제가 아니라 자산 대비 부채 비율, 이자율 수준, 대출 가능 금액, 상환 기간 등 금융 구조의 이해를 전제로 이루어져야 한다. 정부는 다양한 지원 제도—디딤돌 대출, 보금자리론, 버팀목 전세 자금 대출, 주택 연금 등—를 운영하고 있지만, 이러한 제도를 잘 몰라 혜택을 받지 못하는 경우도 많다. 소득 수준, 주택 보유 여부, 나이와 같은 조건에 따라 자격이 달라지고, 적용되는 금리나 대출 한도도 차이가 나기 때문에 단순한 정보 검색만으로는 충분하지 않다.

더욱이 일반 금융 상품과 마찬가지로, 부동산 금융 역

시 전문적인 용어나 복잡한 규정, 자격 조건, 금리 구조의 변화 등을 포함하고 있어 일반 국민이 스스로 모든 내용을 정확히 이해하기란 쉽지 않다. 특히 사회적 경험이 적고 재무 관리 능력이 형성되지 않은 청년층, 그리고 디지털 정보 접근과 제도 변화의 흐름을 따라가기 어려운 고령층의 경우에는, 오히려 정보의 비대칭성과 복잡성이 주거 불안으로 이어질 수 있다.

실제로 부동산은 한 번의 선택으로 수천만 원, 심지어 수억 원의 의사 결정이 오가며, 그 결정이 개인의 삶을 수십 년간 지배하게 된다. 그런 점에서 부동산 금융에 대한 무지는 단순한 정보 부족이 아니라 위험 회피 능력의 결여이며, 불리한 조건의 금융 상품을 선택하게 하거나 필요한 정책 지원을 놓치게 만드는 요인이 된다. 이러한 문제는 개인의 경제적 손실로만 끝나는 것이 아니라, 사회 전반의 주거 불안정성과 자산 불균형을 심화시키는 결과로 이어질 수 있다.

반대로 부동산 금융을 정확히 이해하고 활용하는 시민은 자신의 생애 주기에 맞는 주거 전략을 수립하고, 정부 정책의 수혜자가 되며, 나아가 재정적으로도 자립할 수 있는 기반을 마련할 수 있다. 최근에는 고령층이 자신이 가진 집을 활용해 주택 연금(역모기지)에 가입함으로써 안정적인 노후 소득을 확보하는 사례도 늘고 있다. 또한 사회 초년생이 신용을 기반으로 한 전세 대출을 통해 독립적인 주거를 실현하거나, 청년층이 소득 수준에 맞는 대출을 계획적으로 활용해 첫 내 집 마련에 성공하는 일도 점점 보편화되고 있다.

부동산 금융은 더 이상 전문가만의 영역이 아니다. 이는 '주거'를 중심으로 한 개인의 생애 설계와 직결되는 생활형 재무 지식이자 시민의 기본 역량이다. 따라서 우리는 부동산 금융을 교육받고 이해할 권리가 있으며, 정책적으로도 누구나 접근 가능한 주거 금융 리터러시 교육 체계가 마련되어야 한다. 그것이 바로 국민의 주거권을 보장하고, 보다 공정하고 지속 가능한 주거 사회를 만드는 첫 걸음이 될 것이다.

주택 관련 부동산 금융의 기초 정보

부동산 금융 중에 주택 관련 금융은 우리 실생활과 정말 밀접하게 연관되어 있다. 주택을 구입하거나 거주 목적으로 빌릴 때(임차) 꼭 알아야 할 금융 용어를 소개하면 아래와 같다.

주택 담보 대출(Mortgage Loan)은 주택을 담보로 금융기관에서 자금을 대출받고, 원금과 이자를 일정 기간에 걸

쳐 상환하는 방식의 대출이다. 주택 구입을 목적으로 하는 경우 대부분 10년 이상의 장기 대출인 경우가 많고, 원금과 이자를 함께 상환하는 경우, 일정기간 동안 이자만 갚다가 그 이후에 원금과 이자를 같이 갚는 경우 등 방식이 다양하다. 반면, 이미 보유하고 있는 집을 담보로 여유 자금이 필요할 때 소유한 집이나 사업장(공장 부지, 사업장 건물 등의 부동산)을 담보로 대출을 받는 경우도 있는데 이때는 대부분 단기 대출이며, 이자만 납부하다가 대출 만기 시에 일괄 상환하는 경우가 많다.

대출을 받으면 가장 신경 쓰이는 건 역시 금리다. 금리는 크게 고정 금리와 변동 금리로 나뉜다. 고정 금리는 대출할 때 정한 금리가 끝날 때까지 변하지 않으니, 금리가 오를까 걱정할 필요가 없다. 반대로 변동 금리는 시장 금리에 따라 주기적으로 바뀐다. 보통 3개월, 6개월, 혹은 1년 단위로 바뀌며 COFIX(은행 자금 조달 비용 지수)나 금융채 금리를 기준으로 삼는다. 금리가 떨어지면 유리하지만, 반대로 오르면 부담이 커질 수 있다는 게 특징이다.

담보 인정 비율(Loan to Value ratio)은 주택 담보 대출 비율, 주택 담보 인정 비율 등으로 불리기도 하는데 주택을 담보로 대출을 받을 때 담보물인 주택의 가격에 대한 대출 가능 금액의 비율을 의미한다. 예를 들어 시가 5억

원 주택에 LTV를 70% 적용하면 대출 가능 금액은 3억 5000만 원(5억 원×0.7= 3.5억 원)이 된다. 주택 담보 대출은 주택을 구입하는 사람에게 꼭 필요한 대출이지만 은행 입장에서도 이런 대출이 잘 상환될 수 있는지를 점검해야 한다. 그래서 주택 담보 인정 비율(LTV)이 중요하다. 너무 높은 LTV를 적용해서 대출했다가 집값이 떨어져 대출금보다 주택의 자산 가치가 떨어지게 되면, 그리고 채무자가 대출을 상환하지 못하면 은행이 그 손해를 떠안아야 하기 때문이다. 그렇기 때문에 일정 비율을 정해 놓고 그 이상은 대출을 못하게 규제로 막아 놓은 것이다. 원래는 대출이 부실화 되는 것을 막는 용도로 활용되었지만 최근에는 부동산 가격 안정화를 위한 규제 수단으로 더 많이 활용되고 있다. LTV가 낮을수록 주택 구입자는 자기 자본을 더 많이 준비해야 주택을 구입할 수 있다. 반대로 LTV가 높으면 자기 자본 비율은 감소한다.

DTI(Debt To Income)는 총부채 상환 비율이며 대출을 받은 사람의 총소득 대비 부채 상환액을 나타낸 비율이다. 즉 연 총소득에서 매년 갚아야 하는 원금 및 이자가 차지하는 비율을 의미한다. 이는 대출자가 얼마나 채무 상환 능력이 있는지를 평가하는 기준이다. 예를 들어 대출을 받으려는 사람의 연 소득이 4000만 원이고 DTI가 60%

라면 이 사람이 연간 갚아야 하는 원금과 이자의 합계액이 2400만 원(4000만 원×0.6=2400만 원)을 넘어서는 안 된다는 것이다. 비슷한 용어로 DSR(총부채 원리금 상환 비율, Debt Service Ratio)가 있다. 이것은 주택 대출 원리금 이외에 기타 다른 모든 대출(신용 대출, 신용카드 미결제액, 자동차 할부금 등)의 원리금을 포함한 총 대출 상환액이 연간 소득에서 차지하는 비중을 말한다. LTV보다 더 엄격하게 차주의 상환 능력과 대출 상한 금액을 제한하는 기준이다.

나이가 들어 소득이 줄어도 집을 가지고 있다면 '집에서 연금을 꺼내 쓰는 방법'이 있다. 그것이 바로 주택 연금(역모기지)이다. 한국주택금융공사가 운영하는 제도로, 집을 담보로 설정해 매달 생활비처럼 연금을 받을 수 있다. 농사를 짓는 고령자라면 농지를 담보로 하는 농지 연금(한국농어촌공사 운영)을 이용할 수도 있다. 두 제도 모두 집이나 땅이 있는 어르신들이 자산은 지키면서 생활비를 마련하도록 돕는다.

부동산 금융에는 사업자들이나 투자자들을 위한 것도 많다. 그중 몇 가지만 소개하면 다음과 같다. 프로젝트 파이낸싱(Project Financing, PF)이란 부동산 개발 사업의 미래 수익을 담보로 사업자가 금융기관, 또는 자산운용사 등 투자자들로부터 자금을 조달하는 방식이다. 주로 대규모의 인프라, 에너지, 부동산 개발 프로젝트에 사용된다. 쉽게 말해, 특정 프로젝트가 미래에 벌어들일 돈을 담보로 현재 필요 자금을 조달하는 방식이다. 자금 제공자가 프로젝트의 위험을 분담하는 개발 금융의 대표적인 방식이다.

개인도 직접 건물을 사지 않고 부동산에 투자할 수 있는데, 대표적인 방식이 리츠(REITs, Real Estate Investment Trusts)와 부동산 펀드다. 리츠는 여러 사람이 돈을 모아 큰 건물이나 쇼핑몰에 투자하고, 발생한 임대 수익을 나눠 갖는 제도다. 주식처럼 사고팔 수 있고, 법적으로 수익의 90% 이상을 배당해야 한다. 그래서 꾸준히 배당이 나온다는 장점이 있다. 한국에서는 2001년에 도입되었다. 부동산 펀드도 여러 사람이 돈을 모아 투자한다는 점은 같지만, 구조는 조금 다르다. 리츠가 주로 건물을 운영하면서 임대 수익을 배분하는 데 초점을 둔다면, 펀드는 개발 사업에 투자해서 분양이나 매각 차익을 노리는 경우가 많다. 또 리츠는 주식 시장에서 자유롭게 거래되지만, 부동산 펀드는 환매가 제한적일 수도 있다.

우리나라 금융기관들이 개인들에게 대출을 해 주기 시작한 역사는 1999년 이후다. 그 전에 은행 등 금융기관들은 주로 기업을 대상으로 대출을 해 주었지 개인들에게는 매우 제한적으로 대출을 해 주었다. 그러다가 외환위기 이후 기업들이 대거 도산하면서 금융기관들의 대출 대상은 기업에서 개인에게로 이동하였고, 특히 담보가 제공되는 주택 담보 대출을 주력하게 되었다. 2000년대 중반까지는 LTV 기준도 매우 높았으며, DTI나 DSR 기준은 적용되지 않았다. 저금리와 대출 확대로 집값이 폭등하자 정부가 수요 억제의 목적으로 2006년부터 금융 규제를 시작하였는데 지금은 그때에 비하면 금융 규제가 매우 강한 편이다.

강화된 금융 규제는 소득이 낮을수록, 부채가 많을수록 대출 가능 금액이 줄어들게 된다. 결국 이러한 규제는 소득이 낮고 자금이 필요한 사람들에게는 더욱 금융 접근성을 낮추게 되는 효과를 초래한다. 그래서 정부는 중서민층을 대상으로 주택 구입 관련 지원 상품(디딤돌 대출, 보금자리론, 특례 보금자리론 등)을 제공하고 있다. 이러한 정책 자금 지원을 받기 위해서는 소득 기준일 일정 수준 이하, 주택 가격 수준도 일정 기준 이하이어야 하지만 자금 부족으로 인한 주택 구입이 어려운 계층에게는 매우 도움이 된다. 다만 이 경우에도 자신의 상환 능력과 금리 변동에 대한 이해가 필요하다.

전세 자금 대출은 임차 보증금을 마련하기 위한 대출

상품으로, 주택 도시 기금이나 은행에서 제공된다. 대표적인 상품으로는 버팀목 전세 자금 대출이 있으며, 이는 청년층이나 저소득층을 주요 대상으로 한다. 또한 HUG(주택도시보증공사)의 보증이 연계된 신용 보증부 전세 대출도 존재하는데 대출 자격에는 소득이나 연령 제한이 있으며, 대출 갱신 시 이자율 변동 가능성도 확인해야 한다. 일반적으로 전세 계약 방식은 월세에 비하여 초기에 목돈이 들기는 하지만 매달 월세를 내지 않아도 되고, 임대 주택에서 퇴거 시에 보증금을 되돌려 받을 수 있어서 총비용 측면에서는 월세보다 유리하다. 그래서 할 수만 있다면 월세 대신 전세로 집을 빌리고 싶어 한다. 이러한 요구로 인해 전세 자금 대출이 크게 증가하였다. 그러나 이를 악용한 갭 투자(전세를 끼고 주택을 여러 채 구입하는 행위)가 늘고 이로 인한 전세 사기 피해가 발생하자 최근에는 전세 대출 조건이 까다롭고, 대출 가능 금액도 많이 축소되었다.

청약 제도와 금융

청약 제도란 일정 조건을 갖춘 국민이 공공 또는 민간 분양 주택(아파트)에 신청할 수 있는 제도다. 다른 국가에서는 찾아보기 힘든 우리나라만의 고유한 주택 공급 제도다

(김현아 2004). 외국의 경우에는 공공 주택(임대 주택 포함)을 신청할 수 있는 대기자를 선정하는 제도가 있기는 한데, 우리나라와 같은 강제 저축 제도가 함께 병행되지는 않는다(김현아, 김혜원 2004).

우리나라에서 신축 주택(민영 주택, 공공 주택 모두)에 청약(구매 의사를 표현하는 절차)을 하려면 청약 관련 예금에 가입해 일정 금액을 납입하고 일정 기간을 유지해야 한다. 청약을 위한 저축 상품으로는 청년 우대형 주택 청약 통장이나 주택 청약 종합 저축이 있으며, 당첨은 가점제 또는 추첨제(공공 주택은 순위제)로 결정된다. 민영 주택 가점제의 경우에는 청약 관련 통장에 가입한 기간이 길수록, 무주택으로 거주한 기간이 길수록, 부양 가족수가 많을수록 높은 가점을 받게 된다. 따라서 청년층들에게 상대적으로 불리한 조건이다. 그래서 최근에는 신혼부부나 청년들에게, 또한 저출생에 대한 대응책으로 다자녀 가구들에 대해 특별 공급 물량을 배정하는 특별 공급 제도가 마련되어 있다. 또한 수도권의 경우 해당 지역에 거주하는 청약 통장 가입자가 1순위가 되기 때문에 주택을 청약하려는 지역에 거주하면 유리하다.

주택 청약과 관련하여 공신력 있는 자료를 제공하는 공공기관은 다음과 같다. 1) 국토교통부(Ministry of Land,

Infrastructure and Transport, 주택 정책과 관련된 다양한 정보를 제공, 정책 변동 사항 등 중요한 공지 사항 확인 가능), 2) 한국주택금융공사(Korea Housing Finance Corporation, 주택 청약 관련 금융 정보, 대출 상품 등을 제공, 주택 금융에 관한 다양한 자료 확인 가능), 3) 한국토지주택공사(LH, Korea Land & Housing Corporation, 전국의 공공 임대 주택 및 분양 주택에 관한 정보를 제공하며, 청약 일정과 절차 등을 확인 가능), 4) 주택도시보증공사(HUG, Housing & Urban Guarantee Corporation, 주택 보증 상품과 관련한 정보와 공적 보증과 관련된 다양한 자료 확인 가능), 5) 한국부동산원[Korea Real Estate Board, 청약홈(청약 관련 업무 전담 웹사이트, https://www.applyhome.co.kr)을 통해 주택 청약과 관련된 정보와 서비스 제공]. 청약 관련 정책과 제도는 정부의 주택시장 상황과 부동산 정책 기조에 따라 자주 변경되므로 최신 정보를 반드시 확인하는 것이 중요하다.

부동산 세금의 중요성과 이해

부동산 관련 세금으로는 취득세, 재산세, 종합부동산세, 양도소득세가 대표적이다. 취득세는 주택을 구입할 때 한 번 부과되며, 재산세는 주택 보유 기간 내 매년 부과된다.

종합부동산세는 고가 주택이나 다주택자에게 부과되는 보유세이며, 기준 시가와 주택 수에 따라 다르게 적용된다. 양도소득세는 주택을 팔아 얻은 차익(양도 차익)에 대해 부과하는 세금이다.

부동산 세금을 결정하는 세율이나 과세 기준은 주택의 종류(일반 주택, 오피스텔 등), 주거용 여부, 거주 지역, 시기별 정책 변동에 따라 매우 자주 변경되므로, 실제 거래 시점의 최신 법규 확인이 필수적이다. 예로, 오피스텔은 주거용일 경우 일반 주택과 동일한 취득세율이 적용되지만, 비주거용이면 취득세율이 다르다. 이러한 기준들은 부동산 시장 상황이나 정책에 따라 자주 변경되기 때문에 실제 거래 시점에 적용되는 세법과 규정들을 꼼꼼히 살펴야 한다.

집을 구매한다는 것은 단순히 집값만 있어서는 안 된다. 위에 제기한 다양한 세금(처음 구입할 때, 보유할 때, 처분할 때)을 적절한 시기에 납입해야 할 뿐만 아니라 중개 수수료나 유지 관리비(장기수선 충당금, 관리비) 등을 감당할 수 있어야 한다. 집을 구매하지 않고 빌리는 경우에도 세금은 없지만 유지 관리 비용은 부담해야 한다. 전세의 경우에는 전세 보증금의 안전한 반환을 위한 전세 보증 반환 보험이나 반환 보증 수수료도 고려해야 한다.

금융 정보 접근 경로

부동산 금융 상품과 제도는 각종 금융 정보 사이트에서 확인할 수 있다. 금융감독원 금융 상품 통합 비교 공시 '금융 상품 한눈에'에서는 은행별 금리 비교가 가능하고, 한국주택금융공사(HF, https://www.hf.go.kr)에서는 보금자리론 및 대출 한도 시뮬레이션이 제공된다. '정부24(https://www.gov.kr)'나 국세청 홈택스(https://www.hometax.go.kr)에서는 부동산 관련 세금 정보도 확인할 수 있다.

부동산 금융은 단순한 대출이 아니라 생애 전반에 영향을 미치는 재정 전략이다. 특히 사회 경험이 부족한 청년층이나 금융 정보 변화에 민감하게 대응하기 어려운 고령층에게는 이러한 지식을 체계적으로 교육할 필요가 있다. 무리한 대출로 인한 재정적 위험을 줄이고, 정부의 다양한 금융 지원 제도를 적극적으로 활용하기 위해서는 생활 밀착형 금융 교육이 절실하다. 그리고 무엇보다도 이러한 교육은 지역 주거 복지 센터나 지역 커뮤니티 기반의 금융 상담 및 교육 플랫폼에서 시행되어야 시민들의 접근이 용이하고 국민의 주거 안정성과 재무 역량을 높이는 원래의 의도에 충실할 수 있다.

집을 사거나 빌릴 때 가장 중요한 것은 자신이 원하는 집의 주택 가격이 감당할 수 있는 수준이냐를 판단하는 것이다. 요즘 매매나 임차 모두 대출이 불가피한 상황에서 자신의 월 소득 대비 적정 대출 금액을 계산하고, 향후 발생할 이자 부담, 관리비, 보험료, 유지 보수비 등을 고려해야 한다. 특히 감당 가능한 금액을 초과하는 대출은 자산이 아니라 부채가 될 수 있으므로, 최종 결정은 철저한 시뮬레이션과 계획이 필요하다.

참고문헌

경향신문(2017). 「[정리뉴스] LTV·DTI의 역사」. https://www.khan.co.kr/article/201706060600001

국세청 홈택스 https://www.hometax.go.kr

금융위원회(2025). 「주택담보대출 관련 Q&A」. https://www.fsc.go.kr/po020201/27351?srchCtgry=&curPage=2&srchKey=&srchText=&srchBeginDt=&srchEndDt=

김현아(2004.12), '우리나라 주택공급제도의 문제점과 개선방안', 『토지와 건물』 제19호, 국제부동산정책학회.

김현아·김혜원(2004), 주택급체계의 국내외 비교분석, 한국건설산업연구원.

김현아(2025.3.15), "부동산 매매의 기술? 시장흐름과 제도 이해하고 투자와 자산관리까지 가능해야", 부동산도리터시가필요하다①, [김현아의 시티라이브], ≪이코노미스트≫. https://economist.co.kr/article/view/ecn202503120018

신창득 외 공역(2002). 『부동산금융과 투자』, 부연사.

우리은행(2022). 「주택담보대출 상품설명서」. https://spot.wooribank.com/pot/pot/mall/comm/download.jsp?PLM_BIZ_DSCD=00&PLM_ANX_SAVE_FILE_NM

=PLM_P00XXXXXXX_D02B7_20221020211424000667.p
df
이성근·서경규(2005), 『현대 부동산의 이해』, 부연사.
정부24 https://www.gov.kr
주택도시기금 포털 https://nhuf.molit.go.kr
한국주택금융공사(2025). 「주택연금 안내」.
http://www.hf.go.kr/ko/sub03/sub03_01_01_01.do
한국농어촌공사(2025). 「농지연금사업 연금액 규모별 통계」.
https://www.data.go.kr/data/15116649/fileData.do?recom
mendDataYn=Y
한국리츠협회(2025). 「리츠의 기본 | 리츠란 무엇인가?」.
https://www.kareit.or.kr/invest/page1.php
한국부동산원 청약홈 https://www.applyhome.co.kr
50플러스재단(2020). 「부동산펀드? 리츠? 나도 해볼까」.
https://50plus.or.kr/detail.do?id=8737317
KB캐피탈(2024). 「주택담보대출 용어 DSR, DTI, LTV 개념
정리」.
https://kbcapital.co.kr/aboutus/cmpgdnc/finLifeDtl.kbc?bl
bdSeqno=107206

04

청년 세대의 부동산에 대한 이해와 활용

청년의 주거 경험을 면밀히 살펴보는 것은 단순히 한 세대의 생활상을 기록하는 작업이 아니다. 그것은 주거라는 가장 일상적이고 구체적인 조건과 부동산이라는 추상적이고 멀게 느껴지는 구조 사이의 간극을 드러내는 작업이다. 그리고 바로 이 간극을 이해하는 것이 청년 세대에게 부동산 리터러시가 왜 필요한지를 찾는 출발점일 수 있다.

청년에게 '집'은 왜 중요한가

청년에게 집은 단순히 잠을 자는 물리적 공간이 아니다. 어린 시절부터 집은 사회적 차별과 계급 격차를 체감하는 중요한 장소였다. 같은 학급 안에서도 친구들이 "어느 아파트 단지에 사는가"를 묻거나 "몇 평에 사느냐"를 은근히 비교하는 순간, 주거 공간은 이미 위계의 척도가 된다. 한국 사회에서 아파트 단지는 단순한 건축물이 아니라, 교육 수준과 가족의 사회 경제적 지위를 가늠하는 상징적 지표로 작동해 왔다. 강남의 대단지 아파트와 지방의 노후 단독 주택은 물리적 조건의 차이를 넘어, 어린 시절부터 청년이 내면화하는 사회적 간극을 형성했다. 주거 경험은 곧바로 계급 경험이었던 것이다.

이러한 격차는 청소년기와 청년기로 이어지며 더욱 선명해진다. 고등학교 시절, 좋은 학군과 사교육 인프라를 갖춘 지역에 사는가 여부가 대학 진학의 가능성을 좌우한다. 다시 말해, 청년이 어떤 집에서 자라왔는가는 이후 진로와 사회적 이동 경로에까지 깊숙이 영향을 미친다. 집은 개인의 능력과 노력으로 극복할 수 없는 구조적 조건을 내포한 채, 청년의 삶을 제한하거나 열어주는 역할을 해 왔다.

대학 진학과 취업 과정에서 주거 문제는 또 다른 방식

으로 청년의 삶을 규정한다. 서울과 수도권에 주요 대학과 기업이 집중된 현실 속에서, 지방 출신 청년들은 학업과 직장을 위해 상경할 수밖에 없다. 이 과정에서 자취방이나 원룸을 구하는 문제는 청년의 첫 번째 '부동산 경험'으로 자리 잡는다. 하지만 이는 흔히 떠올리는 투자와 자산 관리 차원의 부동산이 아니다. 보증금을 어떻게 마련할지, 월세는 매달 어떻게 감당할지, 방이 곰팡이에 습하지는 않은지, 계약 과정에서 사기를 당하지는 않을지가 더 큰 관심사다. 즉, 청년의 부동산 경험은 삶의 질을 지키기 위한 방어적이고 생존적인 성격이 강하다.

그러나 정작 청년에게 '부동산'이라는 단어는 여전히 추상적이고 낯설게 다가온다. 대출, 금리, 재건축, 공급 대책 같은 용어들은 언론 기사와 정부 정책 속에서 반복되지만, 일상적 언어로는 피부에 와닿지 않는다. 청년에게 집은 너무나 가까운 현실이지만, 부동산은 멀리 떨어진 세계처럼 느껴진다. 집은 곧바로 생활의 조건이지만, 부동산은 이해하기 어렵고 접근하기 힘든 시장의 언어 속에서만 존재하는 듯하다.

이러한 간극은 한국 사회의 구조적 맥락과도 맞닿아 있다. 청년 세대는 경제적 자립이 늦어지는 한편, 집값 상승으로 내 집 마련의 기회가 점점 더 멀어지고 있다. 부모 세대가 경험했던 '성실히 일하면 언젠가는 집을 살 수 있다'는 신념은 더 이상 청년에게 적용되지 않는다. 청년은 누구보다 집 문제와 밀접하게 얽혀 있지만, 부동산 시장에서는 철저히 주변화된 존재로 남아 있다.

이 점에서 청년의 주거 경험을 면밀히 살펴보는 것은 단순히 한 세대의 생활상을 기록하는 작업이 아니다. 그것은 주거라는 가장 일상적이고 구체적인 조건과, 부동산이라는 추상적이고 멀게 느껴지는 구조 사이의 간극을 드러내는 작업이다. 그리고 바로 이 간극을 이해하는 것이 청년 세대에게 '부동산 리터러시'가 왜 필요한지를 설명하는 첫걸음이 된다. 청년은 주거를 통해 부동산을 매일 체감하지만, 동시에 제도와 담론의 언어에서는 소외된다. 이 모순된 상황을 해석하고 극복하기 위한 역량이 바로 부동산 리터러시다.

청년 주거 문제의 담론과 정책

2019년 이후 집값 폭등과 함께 한국 사회에는 '벼락거지'와 '영끌'이라는 신조어가 빠르게 퍼졌다. 벼락거지는 "소득은 그대로인데 주변 집값이 폭등해 순식간에 상대적 빈곤 상태로 추락하는 무주택자"를 지칭하며, 영끌은 "영혼까지 끌어 모아" 대출·보증금을 총동원해 집을 사는 행태를 가리킨다(이축복, 2020.11.22). 이 두 표현은 청년 세대의 불안과 조급함을 압축적으로 드러내는 동시에, 언론 담론에서 청년 주거 문제를 특정한 정서적 프레임으로 소비하는 데 활용되었다. 특히 보수 경제지를 중심으로 벼락거지 담론은 정부 정책 실패를 비판하는 프레임으로 반복적으로 인용되었고, 일부 진보 매체는 이를 자제하거나 정책적 대안을 강조하는 방식으로 차별화했다(민주언론시민연합, 2021.03.16). 그러나 이러한 담론은 청년들의 '영끌' 전략을 생존주의적 대응으로 이해하기보다는 투기적 욕망으로 전가하며, 청년 개인에게 책임을 돌리는 효과를 낳았다.

실제로 많은 청년 가구는 벼락거지가 되지 않으려는 압박 속에서 빚을 내어 주택 시장에 진입했고, 그 결과 20대 가구주의 부채 증가율이 2022년 41.2%로 전 연령대 중 가장 높게 나타났다. 언론 기사 제목 그대로 "벼락거지 면하려다 벼랑 끝에 선 청년"들이 늘어난 것이다(홍혜진, 2022.12.1). 이는 미디어 담론이 공포와 불안을 증폭시킨 결과와도 맞물린다. 동시에 이러한 '내집마련' 담론은 결혼 · 출산 등 규범적 생애주기와 긴밀히 결합해, 청년들에게 특정한 삶의 경로를 정상적 경로로 강제하는 효과를 만들어 낸다는 점도 논의된다(구승우, 2023).

정책 영역에서는 '청년'의 정의와 자격 요건이 일관되지 않게 설정되면서 혼란과 배제의 문제가 제기되었다. 중앙정부는 주로 만 19~34세를 청년으로 규정하지만, 서울·인천 등 일부 지자체는 39세까지 확대하기도 한다. 또한 무주택 세대주 요건, 청약통장 보유 여부, 원가구 소득 기준 등 다양한 조건이 얽히면서 실제 청년들이 제도를 이해하고 활용하기는 어렵다. 서울시 조사에서도 응답자의 65.7%가 주거 지원 제도의 존재를 알았으나, 실제 신청 경험자는 28.7%에 불과했다(노춘호, 2025.2.24). 정보 해석의 난이도와 리터러시 부족이 정책 참여 격차, 나아가 자산 격차로 이어지는 구조적 문제가 드러나는 대목이다.

이런 한계에 맞서 청년 단체들은 정책 비판과 대안을 적극적으로 제시해 왔다. 민달팽이유니온, 전청넷 등은 윤석열 정부의 공공 임대 예산 삭감에 반대하며 국회 앞 농성과 기자회견을 전개했고 "청년이 부동산 부자가 되지 않아도 인간답게 살 수 있는 사회"를 만들어야 한다고 주장했다(민달팽이유니온, 2022.10.27). 이들의 요구는 공공 임대 확대, 무주택 청년의 주거 안정망 강화, 분양 중심 정책의 전환이었다. 이는 청년 세대의 다층적인 불평등 구조를 개선하고, 삶의 안정성을 담보하는 기본적 주거권을 확립하는 일에 정책의 모든 역량을 집중해야 함을 뜻한다.

지난 5년간의 청년 주거 문제는 언론 담론과 정책 정의, 그리고 시민 사회의 개입이 서로 교차하는 장에서 형성되었다. '벼락거지'와 '영끌' 담론이 공포와 낙인의 언어로 청년을 규정했다면, 정책은 청년을 제각각 다른 나이와 조건으로 규정하며 지원을 분절화했다. 이에 맞서 청년 단체들은 "누구의 청년인가"라는 질문을 던지며, 주거를 자산 축적이 아닌 권리와 생활의 문제로 재정의하려고 했다. 이러한 경합은 오늘날 청년 주거 문제를 이해하는 핵심 축으로 자리 잡고 있다.

청년들의 주체적 주거 문화 실천

앞서 언급했듯이 언론은 '벼락거지'와 '영끌'이라는 단어로 청년을 낙인찍었고, 정책은 행정적 범주로 청년을 협소하게 규정해 왔다. 그러나 청년들은 이러한 언어에만 매몰되지 않았다. 오히려 일상 속에서 자신들의 주거 문제를 나름의 방식으로 풀어내며 새로운 문화적 실천을 만들어 왔다. 이는 구조적 불평등을 근본적으로 해결하지는 못하지만, 청년들이 자신들의 경험을 해석하고 발화할 수 있는 중요한 계기가 된다.

대표적 사례가 유튜브 콘텐츠 〈자취남〉이다. 이 채널은

2019년 이후 구독자 수가 꾸준히 늘며, 원룸 · 고시원 · 반지하 등 열악한 청년 주거 공간을 사실적으로 드러냈다. 주인공은 불편한 방 구조, 소음, 곰팡이 등 자취하면서 발생하는 문제들을 보여 주면서도 그 속에서 어떻게 나름의 생활 방식을 꾸려나가는지를 공유한다(유태영, 2022.4.16). 이러한 서사는 언론이 청년을 '패배자'로 묘사하는 담론과 달리, 주체적으로 환경을 해석하고 대응하는 태도를 보여 주었다.

또한 '오늘의집' 플랫폼은 단순한 인테리어 정보 제공을 넘어, 청년들의 주거 경험을 공유하는 커뮤니티로 기능하고 있다. 좁은 원룸을 효율적으로 꾸미는 '미니멀 인테리어', 자취방 가구 배치 노하우, 저예산 리모델링 후기를 나누는 과정에서 청년들은 서로의 경험을 자산화하고 학습한다. 이러한 과정은 주거 공간을 자신의 취향과 일상을 능동적으로 구성하고 표현하는 실천의 장으로 재정의한다(권서영, 2021).

이와 함께 '데스크테리어' 열풍도 청년 주거 문화의 상징적인 사례다. 코로나19 이후 원격 수업 · 재택근무가 보편화되면서, 청년들은 책상 위를 자신만의 작은 세계로 꾸미기 시작했다. 공간의 제약 때문에 방 전체를 바꿀 수는 없어도, 책상 위의 조명 · 키보드 · 소품을 통해 자율성과 개성을 표현하는 것이다. 이는 '집 전체는 내 것이 아니지만 최소한 나만의 코너는 통제할 수 있다'는 청년들의 주체적인 실천을 드러낸다.

이러한 문화적 실천들은 청년이 주거 공간의 의미를 스스로 결정하고, 자신의 일상을 능동적으로 구성해 나가는 주체성을 확인한다는 점에서 중요한 함의를 갖는다. 첫째, 이는 청년들이 언론과 정책이 제공하는 언어와 다르게 스스로의 경험을 설명하고 공유하는 방식이다. 둘째, 실천을 통해 형성된 공유 경험은 새로운 집단적 정체성을 만들어 낸다. 예를 들어 반지하 · 고시원 경험을 공유하는 영상 댓글란은 단순한 소비가 아니라, '우리의 현실'을 서로 확인하고 위로하는 커뮤니티로 작동한다. 셋째, 이런 실천은 결국 부동산 리터러시와도 연결된다. 단순히 집값을 아는 차원을 넘어, 공간을 어떻게 이해하고 구성할 것인지, 제약 속에서 어떤 선택지를 찾아낼 수 있는지를 학습하는 과정이기 때문이다.

그러나 이러한 실천이 구조적 불평등을 해결하기에는 한계가 있다는 점도 분명하다. 자취남의 영상은 오늘날 청년들의 자취 현실을 드러내지만, 제도적 개선으로 이어지지 않는다. 오늘의집에서 공유되는 인테리어 노하우도 결국 경제 자본이 있는 청년에게만 가능하다. 데스크테리어는 심리적 위안을 주지만, 열악한 주거 구조 자체를 바꾸지 못한다. 따라서 청년들의 주체적 문화 실천은 긍정적인 의미와 함께, 동시에 제도적 보완을 요구하는 불완전한 실천이라 할 수 있다. 결국 청년의 문화적 주거 실천은 언론과 정책 언어에 갇히지 않고 자기 경험을 해석하려는 저항이자 창의적 발화다. 그러나 이러한 시도가 더욱 지속적이고 효과적으로 작동하기 위해서는, 청년 개인의 감각과 노하우를 넘어선 보편적 부동산 리터러시가 필요하다.

청년과 부동산 리터러시

부동산 리터러시는 단순히 부동산 가격이나 청약 제도에 대한 정보 습득에 국한되지 않고 사회 구조와 언어를 이해하고 해석하는 힘을 뜻한다. 청년이 자신의 주거 조건을 단지 개인적 실패나 투기의 문제로 받아들이지 않고, 제도와 경제, 정책의 맥락 속에서 사고할 수 있어야 한다. 동시에 부동산 리터러시는 제도의 언어를 읽어내고, 자신의 경험을 사회적으로 설명할 수 있는 일종의 생활 역량이다.

그러나 여기에는 여전히 중요한 질문이 남는다. '청년은 누구인가?' 그리고 '리터러시는 누구에게나 동일하게 주어지는가?' 앞서 살펴본 것처럼, 청년이라는 범주는 계급 · 성별 · 지역 · 성적 지향 등 다양한 조건에 따라 크게 달라진다. 서울의 대학생과 지방의 청년 노동자가 겪는 주거 현실은 전혀 다르며, 성소수자 청년의 경우에는 주거 공간에서 '안전'을 확보하는 것이 가장 큰 과제일 수 있다. 이처럼 청년은 하나의 동질적 집단이 아니라, 서로 다른 위치성과 조건으로 구성된 집단이다(배은경, 2015; 김선기, 2016 등). 따라서 부동산 리터러시 역시 획일적인 모델이 아니라 다양한 삶의 조건 속에서 달리 실현되어야 한다.

그럼에도 불구하고, 부동산 리터러시는 모든 청년이 누려야 할 보편적 권리이자 사회적 자산으로 상상되어야 한다. 주거가 인간다운 삶을 지탱하는 가장 기본적인 조건인 것처럼, 이를 이해하고 다루는 역량 또한 사회적으로 보장받아야 할 필수적인 학습 기회이기 때문이다. 만약 이 기회가 균등하게 주어지지 않는다면, 리터러시마저 계급과 자원의 격차에 따라 불평등하게 배분될 위험이 있다.

결국 청년에게 필요한 부동산 리터러시는 현재의 삶을 주체적으로 해석하고 더 나은 선택을 설계해 나가는 실질적인 힘이다. 이 힘은 청년 내부의 차이를 인정하면서도, 동시에 모든 청년이 누려야 할 기본적인 조건으로 제시되어야 한다. 청년이 자신의 경험을 구조 속에서 이해하고 그것을 다시 사회에 발화할 수 있을 때, 비로소 부동산 리터러시는 단순한 정보 습득을 넘어 삶을 지탱하는 중요한 자원이 될 것이다.

참고문헌

구승우(2023). 한국 사회 청년층의 주거 담론 수용 양상 분석 : '내집마련' 담론을 중심으로. 〈언론과 사회〉, 31권 2호, 40~89.

권서영(2021.1). 청년의 시선 랜선 집들이부터 셀프 인테리어까지: 청년들이 집 꾸미기에 열광하는 이유. 〈유레카〉, 제446호, 124~127.

김선기(2016). '청년 세대' 구성의 문화정치학. 〈언론과 사회〉, 24권 1호, 5~68.

노춘호(2025.2.24). 심미경 서울시의원 "청년주거정책 인지도 비해 신청률 저조". 〈글로벌이코노믹〉. https://www.g-enews.com/article/General-News/2025/02/202502241310519672f83bf132e7_1

민달팽이유니온(2022.10.27). 청년팔이 멈추고 내놔라 공공임대! 청년단체 연대 기자회견. 〈민달팽이유니온〉. https://minsnailunion.net/150/?bmode=view&idx=13279952

민주언론시민연합(2021.3.16). '청년'걱정하는 척. 언론 입맛 따라 '2030' 이용 말라. 〈오마이뉴스〉. https://www.ohmynews.com/NWS_Web/View/at_pg.aspx?CNTN_CD=A0002727437

배은경(2015). '청년 세대' 담론의 젠더화를 위한 시론. 〈젠더와 문화〉, 8권 1호, 7~41.

유태영(2022.4.16). [인터뷰]"1인 가구 사는 모습, 그대로 보여드려요"…'자취남'유튜버 정성권씨. 〈오피니언뉴스〉. https://www.opinionnews.co.kr/news/articleView.html?idxno=65845

이축복 (2020.11.22). 집값 상승이 낳은 웃픈 현실…씁쓸한 신조어

'벼락거지'. 〈매일경제〉.
https://www.mk.co.kr/news/realestate/9619755
홍혜진(2022.12.1). 벼락거지 면하려다 벼랑끝…20대 가구주 빚 40% 폭증. 〈매일경제〉.
https://www.mk.co.kr/news/economy/10553124

05

집주인-세입자 갈등과 해결 방안

우리 사회에서 임대차 분쟁은 특히 보증금
반환, 임대료 인상, 주택 유지 · 보수 책임
문제와 직결되는 경우가 많다.
전세 사기와 깡통 전세 문제가 사회적 이슈로
부상하면서, 임차인의 재산권이 직접적으로
위협받는 상황이 이어지고 있다.

임대차 분쟁은 왜 생기는가

임대인과 임차인 간의 갈등은 주택 시장에서 빈번히 발생한다. 이는 단순한 개인 간 계약 분쟁에 그치지 않고, 사회적 불안정과 주거 불안을 초래한다. 우리 사회에서 임대차 분쟁은 특히 보증금 반환, 임대료 인상, 주택 유지・보수 책임 문제와 직결되는 경우가 많으며, 이 세 가지 원인이 전체 분쟁의 70% 이상을 차지한다(대한법률구조공단 2023).

한국의 주택 임대차 구조는 전세와 월세가 혼재된 독특한 형태로, 분쟁의 양상도 복잡하다. 특히 전세 보증금 반환 문제는 한국에서만 나타나는 고유한 갈등 원인이다. 최근 몇 년간 전세 사기와 깡통 전세 문제가 사회적 이슈로 부상하면서, 임차인의 재산권이 직접적으로 위협받는 상황이 이어지고 있다.

보증금 반환 문제

전세 계약 종료 후 임대인이 보증금을 제때 반환하지 못하는 사례가 급증하고 있다. 이는 전세 보증금이 단순히 보관되는 구조가 아니라, 임대인의 주택 구입 자금이나 다른 투자 자금으로 활용되기 때문이다. 신규 세입자가 동일한 조건으로 들어오지 않으면 반환이 불가능해지는 구조적 취약성이 존재한다.

2020년 이후 임대차분쟁조정위원회에 접수된 사건 중 보증금·주택 반환 관련 분쟁이 35.8%로 가장 높은 비중을 차지한다(아시아경제 2024). 특히 집값 하락으로 보증금 회수가 어려워지는 이른바 깡통 전세는 사회 문제가 되었으며, 이를 예방하기 위한 전세 보증금 반환 보증 제도가 확대 시행되고 있다. 그러나 보증 보험 가입률은 여전히 낮고, 사고 발생 시 보증 기관의 대위 변제 절차가 길어 임차인이 체감하는 보호 수준은 제한적이다.

사례: 수도권에 거주하던 한 세입자는 계약 만료 후 집주인이 보증금을 반환하지 못하자 생활이 곤란해졌다. 임대차분쟁조정위원회를 통해 일부 금액은 회수했으나 전액 반환에는 실패하였다.

임대료 인상 갈등

임대료 인상은 갱신 시 가장 흔한 갈등 요인이다. 2020년 「주택임대차보호법」 개정으로 도입된 계약 갱신 청구권은 임차인이 한 차례 계약을 연장할 권리를 보장하며, 이 경우 임대인은 정당한 사유가 없는 한 이를 거절할 수 없다.(국토교통부 계약갱신청구권제도 설명 자료 2020). 또 같은 개정안에 포함된 전월세 상한제는 임대료 인상률을 5% 이내로 제한하였다(국토교통부, 전월세 상한제 Q&A, 2020). 그러나 이 규제는 최초 계약 후 한 차례 갱신에만 적용되기 때문에, 그 이후 계약에서는 시세가 급등하면 임차인이 감당하기 어려운 수준의 인상률이 적용될 수 있다.

2021~2023년 사이 임대차분쟁조정위에 접수된 사건 중 약 20%가 계약 갱신 및 종료 과정에서 발생한 분쟁이었다(경향신문 2025). 특히 서울 강남·마포, 경기 성남 등 주거 수요가 높은 지역에서는 보증금 인상이 30~50%에 달하는 사례가 보고되었으며, 이는 임대차 제도가 실질적인 주거 안정까지는 담보하지 못한다는 점을 보여 준다.

사례: 서울에 거주하는 한 세입자는 계약 갱신 시 집주인이 보증금을 50% 인상하겠다고 통보하여 분쟁이 발생했다. 결국 조정 과정을 통해 인상률을 20%로 낮추는 선에서 합의가 이루어졌다.

주택 유지·보수 책임

주택 유지·보수 책임을 둘러싼 분쟁도 적지 않다. 주택의 누수, 전기 설비 고장, 냉난방 기기 불량 등은 임차인의 생활에 직접적인 불편을 초래하지만, 계약서에 명확히 규정되지 않은 경우 임대인과 임차인 사이에 해석 차이가 발생한다.

법적으로는 임대인이 기본적 주거 성능을 유지할 책임을 지지만, 임차인이 고의·중대한 과실로 발생시킨 손해는 본인이 부담해야 한다. 그러나 실제 현장에서는 경계가 불분명해 조정 사례가 빈번하다.

사례: 한 임차인은 거주 중인 주택에서 심각한 누수를 발견했지만, 임대인이 수리를 지연해 생활에 큰 어려움을 겪었다. 조정을 통해 임대인이 수리 비용을 부담하기로 합의했으나, 이미 발생한 생활 불편에 대한 보상은 이루어지지 않았다.

임대차분쟁조정위원회의 역할과 한계

임대차분쟁조정위원회는 2017년 처음 설치된 이후 전국적으로 확대되어 현재 18개소에서 운영되고 있다. 대한법률구조공단과 한국부동산원이 공동으로 운영하며, 임대차 분쟁을 소송보다 신속하고 경제적으로 해결하기 위해 마련된 제도다(대한법률구조공단 2024).

2020년 이후 신청 건수는 빠르게 늘어나고 있다. 2020년 44건에 불과하던 접수 건수는 2021년 353건, 2022년 621건, 2023년 665건으로 급증했다. 불과 3년 만에 15배 이상 증가한 것이다(아시아경제 2024). 이는 제도의 인지도가 점차 확산되고 있다는 점을 보여 주지만, 동시에 임대차 시장에서 갈등이 구조적으로 늘어나고 있다는 반증이기도 하다.

조정 사건 중 가장 많은 비중을 차지하는 것은 보증금 반환 분쟁(35.8%)이며, 이어 손해배상(22.8%), 계약 갱신 · 종료(19.7%) 순으로 나타났다(경향신문, 2025).

조정 성립률은 전체 신청 건의 약 22.1%에 그쳤으며, 각하율이 37.4%로 상당히 높았다. 이는 조정 절차가 당사자의 자발적 참여에 의존하기 때문인데, 실제로 임대인이 참여를 거부하는 경우 조정이 성립하지 못하고 종료되는 사례가 많다. 따라서 아직까지 우리나라의 임대차분쟁조정위원회는 일정 부분 역할을 하고 있으나, 법적 강제력 부족과 제한된 활용도라는 한계를 안고 있다.

해외 임대차 갈등 해결 사례

독일은 임차인 보호가 제도적으로 가장 강한 나라 중 하나다. 임대료 인상률은 법적으로 제한되며, 집주인이 세입자를 일방적으로 내 보내는 것도 사실상 불가능하다. 임대료 관련 분쟁은 '임차인 보호 협회'를 통해 조정되며, 이 협회의 결정은 법적 효력을 갖는다. 이러한 강력한 임차인 보호 장치는 독일의 주거 안정성을 뒷받침하는 핵심 요인이다.

미국의 경우 주마다 제도가 다르지만, 뉴욕은 대표적인 사례로 자주 언급된다. 뉴욕의 렌트 컨트롤(Rent Control) 제도는 특정 연도 이전에 건축된 건물의 임대료를 엄격히 규제하여 세입자가 장기간 거주할 수 있도록 한다. 이 제도 덕분에 일부 아파트는 '세대를 이어 계약이 승계되는 주거 자산'으로 인식되기도 한다. 다만 낮은 임대료 때문에 임대인이 유지 · 보수 비용을 확보하지 못해 주택 노후화가 가속된다는 부작용도 있다. 분쟁 발생 시 '주택 법원(Housing Court)'을 통해 신속히 처리되며, 일반 민사소송보다 간단한 절차로 해결된다.

일본은 계약 단계에서부터 복잡한 비용 구조로 인해 갈등 소지가 많다. 보증금(敷金), 사례금(礼金), 중개 수수료 등 초기 비용 부담이 크고, 반환 과정에서도 불만이 제기된다. 이러한 상황에서 일본은 민사조정제도를 적극 활용한다. 조정 결과는 법원의 판결과 동일한 효력을 가져, 재판까지 가지 않고도 분쟁이 종결될 수 있다. 이로 인해 일본에서는 분쟁이 법정 다툼으로 비화하기 전에 조정 단계에서 해결되는 경우가 많다.

한국과 해외 제도의 차이

해외 사례와 비교하면 한국의 임대차 제도는 사후적 분쟁

해결 기능은 있으나 예방적 기능은 약하다는 특징을 보인다. 독일이나 일본은 조정 결과에 법적 구속력이 부여되어 사실상 판결과 동일한 효력이 발생하지만, 한국의 임대차분쟁조정위원회는 합의 불이행 시 소송으로 이어져야만 한다.

또한 미국 뉴욕의 렌트 컨트롤과 같은 임대료 구조적 규제 장치는 한국에 존재하지 않는다. 계약 갱신 청구권과 전월세 상한제가 부분적으로 안정성을 제공하긴 하지만, 한 차례 갱신 이후에는 규제의 효력이 사라진다. 따라서 장기적인 주거 안정성 측면에서는 여전히 취약한 구조다.

임대차 분쟁은 단순히 집주인과 세입자 간의 개인적 갈등이 아니라, 사회 전체의 주거 안정성을 위협하는 구조적 문제다. 한국의 임대차분쟁조정위원회는 제도적 성과에도 불구하고 낮은 조정 성립률과 법적 강제력 부족이라는 한계를 가진다. 반면 독일 · 미국 · 일본 등은 강력한 법적 장치나 제도적 구속력을 통해 임차인의 권리를 보장하고, 분쟁을 예방하거나 신속히 종결시킨다.

앞으로 한국도 제도의 인지도 제고, 법적 구속력 강화, 예방적 장치 마련 등을 통해 임대차 시장의 구조적 안정성을 높여야 한다. 무엇보다 중요한 것은 임차인과 임대인이 모두 예측 가능한 환경에서 계약을 체결하고 유지할 수 있도록 하는 것이다.

참고문헌

경향신문(2025.2.5.). 「임대차분쟁조정 사건 유형 분석」, https://www.khan.co.kr/article/202502051503001

국토교통부(2020). 「계약갱신청구권 제도 설명자료」, https://www.molit.go.kr/USR/NEWS/m_71/dtl.jsp?id=9508374

국토교통부(2020). 「전월세상한제 Q&A」, https://www.molit.go.kr/

국토교통부(2023). 「표준 주택임대차 계약서 안내」, https://www.molit.go.kr/USR/policy/m_34608/dtl.jsp?id=4156

국회입법조사처 & 국토교통위원회(2023). 주택임대차분쟁조정제도의 성과와 개선 방향 [세미나 자료집]. 국회(비공식 배포본 활용).

대한법률구조공단(2023). 「임대차분쟁조정위원회 사건유형 통계」, https://www.klac.or.kr/

대한법률구조공단(2024). 「임대차분쟁조정위원회 운영 현황」, https://www.klac.or.kr/pages/sub2_4_5.do

법제처(2020). 『주택임대차보호법』. https://www.law.go.kr (검색일: 2025년 4월 1일).

아시아경제(2024.9.16). 「임대차분쟁조정 신청 3년 새 15배↑」, https://www.asiae.co.kr/article/2024091613053360347

한국부동산원(n.d.). 주택임대차분쟁조정위원회 안내. https://www.reb.or.kr/reb/cm/cntnts/cntntsView.do?cntntsId=1415 (검색일: 2025년 4월 1일).

Deutscher Mieterbund, Annual Report, 2023.

https://www.mieterbund.de/
Deutscher Mieterbund.(n.d.). Mieterschutz in Deutschland. https://www.mieterbund.de (검색일: 2025년 4월 1일).
Ministry of Justice, Japan.(n.d.). Civil conciliation procedure (Minji chōtei). http://www.moj.go.jp (검색일: 2025년 4월 1일).
NYC Rent Guidelines Board, "History of Rent Control in New York," 2022. https://rentguidelinesboard.cityofnewyork.us/resources/faqs/rent-control/
NYC Rent Guidelines Board.(n.d.). Rent control and rent stabilization. https://rentguidelinesboard.cityofnewyork.us (검색일: 2025년 4월 1일).

06

부동산 관련 디지털 도구의 이해와 활용

부동산도 과학이다. 가격이라는 숫자의 의미를 다각도로 파악할 필요가 있다. 개인의 직관이 아닌 객관적 자료 제공을 목적으로 영리를 추구하는 다양한 부동산 관련 회사들이 있다. 이들 회사들은 자료 제공의 수단으로 인터넷 디지털을 활용한다. 소비자들이 관련 디지털 도구를 어떻게 활용하고 어떤 목적으로 활용해야 하는지에 대해 알아본다.

부동산 디지털 도구에 대한 이해

부동산 관련 디지털 도구는 부동산에 대한 관련 정보를 제공한다. 부동산에 관심 있는 다수의 소비자들은 이미 그것을 사용하고 있거나 활용하고 있다. 그러나 이미 사용하고 있음에도 불구하고 '부동산 관련 디지털 도구'라고 하면 대체로 무엇을 말하는지, 어떤 것들인지에 대해 쉽게 이해하기 어려울 수 있다

내 집 마련을 위해 평소에 관심 두고 있는 아파트를 알아본다고 가정한다. 그렇다면 제일 먼저 사고 싶은 지역의 특정 아파트를 포털에서 검색할 것이다. 그리고 원하는 평형대의 가격을 살펴본다. 이것만으로도 부동산 디지털 도구를 이해하고 활용하고 있다고 봐도 무방하다. 인터넷이라는 디지털 수단을 특정 아파트의 부동산 가격을 알아보는 데 활용하고 있기 때문이다.

부동산 디지털 도구는 우리 주변에 다양한 형태로 존재하고 있으며, 2025년 현재에도 많은 관련 업체들을 통해 '수단(tools)'들이 개발되고 있다.

부동산 관련 디지털 도구의 개발은 제4차 산업혁명으로서의 인터넷 디지털 산업의 발전 방향과 속도와 일치한다. 따라서 부동산 관련 디지털 도구의 발전 형태를 보면 자신이 어떤 목적, 어떤 방식으로 부동산 디지털 도구를

이해하고 있고 활용하고 있는지를 파악할 수 있다.

다양한 이유로 특정 아파트의 가격 등을 확인할 때 포털을 주로 사용하고 있다면 가장 보편적인 인터넷 데이터를 가장 손쉬운 방식으로 확인하고 있다고 보면 된다. 1인 가구인 이유로 이사 가고자 하는 특정 지역에 본인과 같은 1인 가구들이 얼마나 많이 유입되고 유출되는지를 알면 보다 도움이 될 수 있다. 왜냐하면 1인 가구의 유입이 많은 지역일수록 1인 가구가 선호하는 주택 유형이나 가격대의 주택이 빨리 계약되거나, 아니면 1인 가구 선호 주택이 타 지역에 비해 많이 공급될 수 있다고 볼 수 있기 때문이다. 이 경우라면 '직방'의 아파트 카테고리에서 '인구 흐름' 중 최근 기간으로 1인 가구 중심으로 필터링하면 지역별 1인 가구의 유·출입 현황과 실태를 쉽게 파악할 수 있다. 이들 민간 업체들은 초기 단순한 시세 자료 등을 제공하는 것을 넘어 업체마다 차별화된 아이템들을 개발해 개별 소비자들의 니즈에 부합하는 자료들을 시각적으로 화면에서 살펴볼 수 있도록 제공하고 있으며, 현재는 4차 산업혁명으로서의 ICT 기술이 반영된 프롭테크(proptech) 스타트업 관련 업체들의 형태로 발전 및 분화되고 있다.

부동산 관련 디지털 도구들은 민간 업체에서 소비자의 니즈(needs)에 부합하는 상품으로 만들어진 경우가 대부분인 것으로 오인할 수 있다. 왜냐하면 민간 업체들이 소비자의 요구와 필요에 따른 상품 개발을 통해 영리를 추구하는 데 효과적일 수 있기 때문이다. 그러나 공공 부문의 부동산 디지털 역시 대중적인 수요보다는 부동산 정책이라는 공공 정책 수립 및 집행에 있어 관련 자료들을 조사하고 축적하는 과정에서 대국민 서비스 차원에서 공공기관을 통해 제공하고 있다. 국가 관련 기관이 부동산 관련 자료들을 디지털 도구를 통해 제공한다는 측면에서 공신력과 공정성 부분에서 민간에 비해 객관적인 자료로 평가되거나 인식될 수 있다는 점에서 이 또한 중요하다고 할 수 있다.

공공기관을 통해 공적인 자료로 제공되는 가장 대표적인 디지털 도구로 한국부동산원이 대표적이다. 한국부동산원에서는 아파트 청약과 관련해 청약Home과 전국 지가 변동률과 전국 주택 가격 동향, 공동 주택 실거래 가격지수와 부동산 거래 현황 그리고 상업용 부동산 임대 동향, 오피스텔 가격 동향 등 부동산 통계 관련 자료를 제공하는 부동산 통계 R-ONE 그리고 부동산 가격 공시와 관련해 정부가 발표하는 공시 가격 알리미(공동 주택 공시 가격, 표준지 공시지가, 표준 단독 주택 공시 가격, 개별 단독 주택 공시 가격, 개별 공시지가)를 개별 홈페이지를 통해 열람 가능하게 공개하고 있다. 이뿐 아니라 2024년 10월 25일부터 우리나라 100세대 이상 공동 주택(아파트, 연립, 다세대)은 공동주택관리정보시스템(K-apt)을 통해 관리비를 공개하도록 되어 있어 전국 모든 아파트의 관리비를 확인하거나 옆 단지, 다른 지역 동일 규모 세대의 아파트 등과 비교할 수 있는 모든 자료를 온라인을 통해 실시간으로 공개하고 있다.

부동산 디지털 도구의 활용

ICT로 대표되는 4차 산업혁명 시대에 정보의 양이 많은 것은 문제가 되지 않는다. 문제는 '정보의 양'보다는 '정보의 질'이고 '정보의 활용'이다. 이런 이유로 부동산 관련 디지털 도구의 활용은 중요하다.

부동산 디지털 도구의 활용은 개인의 필요에 따라 다양할 수 있다. 거주할 주택을 매수할 목적이라면 매수하고자 하는 주택의 가격과 가격 상승률과 시세 변화 추이 등일 수도 있고 아니면 반대로 매도 목적이라면 매도하고자 하는 날짜와 가장 가까운 시점의 최저가나 최고가 확인 등으로 관련 도구를 활용할 수 있다. 또한 매도 · 매수와는 상관없이 연구 목적이나 부동산 시장 분석 목적으로도 사용할 수 있다. 일반 소비자들이 사용하는 목적 이외의 목적으로 사용하는 연구 기관 등을 위해 구축된 데이터를 가공된 상태 또는 원하는 형태로 제공하고 일정한 비용을 받는 비즈니스를 영위하는 업체들도 있다.

디지털 결과물 자체가 부동산 거래의 수단이 되거나 거래를 돕는 과정에서 활용되기도 한다. 가장 대표적인 것이 '비트코인'이다. 비밀-화폐라는 개념의 최초의 구현인 비트코인은 새로운 지불 시스템이자 완전한 디지털 화폐를 표방한다. 비트코인을 '디지털 골드'라고 부르는 이유이기도 하다. 비트코인 네트워크는 블록체인이라는 공공회계원장을 공유한다. 블록체인 기술은 부동산 관련 분야로 보면 부동산 거래와 금융과 연관된다. 블록체인은 '누구나 열람할 수 있는 디지털 장부에 거래 내역을 투명하게 기록하고, 여러 대의 컴퓨터에 이를 복제해 저장하는 분산형 데이터 저장 기술'을 의미한다. 블록체인 기술 기반 금융 혁신이 더욱 촉진될 것으로 보이는 상황이라 부동산 직접 투자가 아닌 부동산 간접 투자 방식으로 소액을 활용한 '조각 투자' 등이 앞으로 더욱 강화되거나 다양한 상품으로 제시될 것으로 보인다. 이것은 가상자산, 핀테크, 디지털 금융 분야가 산업적으로 성장할 수 있다는 점에서 주목된다.

부동산 디지털 도구의 활용에서 생성형 AI 역시 빠질

수 없다. 부동산 디지털 정보의 활용은 단순히 데이터를 가공해서 필요로 하는 소비자에게 제공하는 수준을 넘어선다. 빅데이터 등 다양한 관련 정보를 최대한 활용하고 있고 역시나 다양한 데이터들이 디지털 형태의 자료로 활용되어 제공되고 있다.

최근 한국부동산원은 과학기술정보통신부와 한국디지털플랫폼정부위원회가 주관하는 '2025년 디지털 기반 사회 현안 해결 프로젝트' 공모에서 '빈집 정비 통합 지원 시스템' 구축 사업이 최종 선정됐다고 밝혔다(2025.2.27). 이 사업은 인공지능, 빅데이터, 클라우드 등 첨단 디지털 기술과 정보를 활용해 인구 감소 등으로 사회 문제화 되고 있는 빈집 문제에 대한 종합적인 해결책을 제시하는 것을 목표로 한다. 사업을 통해 개발되는 시스템은 전국 빈집 현황 실태 분석, 주변 공공시설 분포 현황 분석과 빈집 발생 위험 예측 서비스 등을 제공하는 데 기여할 것으로 보인다.

부동산 관련 디지털 정보 및 관련 자료의 활용이 단순히 부동산 가격을 확인하는 차원을 넘어 정부와 지자체 차원에서 요구하는 공공 데이터 제공을 통해 공공복리 증진에도 기여할 수 있음을 확인할 수 있는 사례라고 할 수 있다.

참고문헌

서정렬(2022.11.11). 쓱, 'SSG랜더스'의 세계관과 '부동산 시장' 인사이트, ≪양산신문≫. https://www.yangsanilbo.com/news/articleView.html?idxno=89762

서정렬(2024.1.24). 1인 가구 '플랫폼'과 지자체 '1인 가구 포털'. ≪1코노미뉴스≫. https://www.1conomynews.co.kr/news/articleView.html?idxno=26814

정영희(2025.2.17). 직방, 프롭테크 새 지평 연다…"주거의 디지털전환, 선택 아닌 필수"[CEO탐구생활], ≪이투데이≫. https://www.etoday.co.kr/news/view/2444825

조용훈(2025.2.27). "빅데이터로 빈집 예측"…한국부동산원, 디지털 혁신 프로젝트 선정, ≪뉴스1≫. https://www.news1.kr/realestate/general/5704004

한국부동산원. https://www.reb.or.kr/reb/main.do

한국부동산원 부동산공시가격 알리미. https://www.realtyprice.kr/notice/main/mainBody.htm

한국 부동산원 청약 Home. https://www.applyhome.co.kr/co/coa/selectMainView.do

한국부동산원 R-ONE 부동산 통계 정보. https://www.reb.or.kr/r-one/portal/main/indexPage.do

K-apt 공동주택관리정보시스템. https://www.k-apt.go.kr/web/main/index.do

KB부동산. https://kbland.kr/home

07

AI 관련 부동산 프롭테크의 이해와 활용

프롭테크(proptech)는 부동산(property)과
4차 산업혁명으로서의 인공지능
기술(technology)의 합성어이자 신조어다.
따라서 프롭테크에 대한 이해는 인공지능에
대한 이해와 맥을 같이 한다. 프롭테크의
활용은 부동산에 대한 이해와 활용에서
진일보한 판단을 돕는 데 효과적이다.

부동산 프롭테크(proptech)의 이해

프롭테크는 '빅데이터, 블록체인 등 4차 산업혁명으로서의 첨단 정보 기술(IT)이 결합된 부동산 서비스'를 말한다(서정렬, 2025). '부동산(property)'과 인공지능 '기술(technology)'이 합쳐져서 만들어진 새로운 부동산 관련 업역이라고 할 수 있다. 부동산업에 4차 산업이 접목된 새로운 영역인 셈이다.

원룸이나 아파트 시세 등 검색에 특화된 직방, 지인, 호갱노노나 AI 건축 솔루션을 제공하는 밸류맵, 랜드북 등이 오히려 부동산 프롭테크를 설명하는 데 효과적일 수 있다. 왜냐하면 이들 업체 모두 프롭테크 관련 스타트업들이기 때문이다.

기존에 이미 활용하고 있고, 이용하고 있는 부동산 관련 어플리케이션들이 프롭테크 업체들이 만든 플랫폼(platform)이었다는 것을 이제서야 알게 된 경우도 있을 것이다. 그렇다면 이제부터는 기존 프롭테크 업체들의 플랫폼을 보다 구체적으로 이해할 필요가 있다. 업체마다 제공하는 정보나 방향이 다소 다르기 때문이다. 이것은 업체 간 기술 차이라기보다는 업체 간 차별화를 통해 각 업체들이 시장 점유율로서의 마켓 셰어(market share)를 위한 고도의 영업 전략으로 이해할 수 있는 대목이기도 하다. 예를 들면 어떤 업체는 아파트 시세 및 시장 관련 솔루션(직방, 다방, 호갱노노, 아실, 지인 등)을 제공하는 반면, 어떤 업체(밸류맵, 랜드북 등)들은 나대지 건축에 용이한 솔루션을 제공하는 데 특화되어 있기 때문이다.

부동산 프롭테크 업체별로 각기 다른 특화 솔루션을 제공할 수 있는 것은 프롭테크 관련 기업들이 디지털 인공지능 기술을 이용하고 있기 때문이다.

빅데이터와 인공지능(AI) 기술은 실거래가 데이터, 인구 이동, 경제 지표 등을 분석하여 시장 예측이 가능한 부동산 시장 분석에 이용된다. AI 알고리즘을 활용한 부동산 가치 평가 자동화는 가격 예측 모델을 구축하는 데 이용된다. 더불어 개인의 선호도와 데이터를 분석해 최적의 매물을 추천할 수 있는 기술은 개인별 맞춤형 추천을 가능하게 한다.

블록체인 기술은 블록체인을 이용한 자동화된 계약 체결로 투명성 및 보안 강화를 위한 스마트 계약을 가능하게 한다. 위・변조가 어려운 블록체인 기술을 활용한 디지털 등기 시스템 구축은 부동산 등기 관리에 용이하다.

가상현실(VR) 및 증강현실(AR) 기술은 현장 방문 없이도 부동산 내부를 실감 나게 체험 가능한 가상 부동산 투어를 가능하게 한다. 가구 배치, 리모델링 시뮬레이션 제공은 증강현실로 내부 인테리어 등을 확인할 수 있게 도와준다.

IoT(사물 인터넷)은 에너지 절약, 보안 관리, 원격 제어 기능을 제공하는 스마트 홈 시스템 구축을 도울 수 있다. 더불어 건물의 유지 보수 및 관리를 효율적으로 운영해 부동산 관리를 자동화하는 데 기여한다.

크라우드 펀딩 및 온라인 서비스를 통해 채무자와 채권자를 바로 연결해 주는 대출 서비스인 P2P 대출(peer-to-peer lending, P2P lending)은 다수의 투자자가 공동으로 부동산에 투자할 수 있는 환경을 조성해 소액 투자 플랫폼 구축을 가능하게 한다. 소위 '조각 투자'가 대표적인 활용 사례라고 할 수 있다.

부동산 프롭테크(proptech)의 활용과 방법

부동산 프롭테크 관련 업체들이 상업적으로 만들어 놓은 플랫폼을 소비자 입장에서는 자신의 목적에 맞게 선택해 활용하는 것이 중요하다. 그러기 위해서는 무엇보다 프롭테크라는 단어 자체의 의미를 아는 것보다 '프롭테크'라는 단어를 활용해 자신의 목적에 맞게 활용하는 요령이 필요하다.

본인의 목적이 '아파트 매수'라면 '프롭테크 아파트 매수'라고 인터넷 포털에서 검색하면 되는 식이다. '아파트 매도'라면 '프롭테크 아파트 매도'로 검색하면 된다. 만약 소액으로 부동산 투자를 생각하고 있다면 '프롭테크 소액 투자' 또는 '프롭테크 조각 투자' 이렇게 검색하면 된다. 그러면 언론 기사나 관련 블로그 등에서 프롭테크를 활용한 아파트 매매나 소액 투자 방식 등의 내용이 검색되고 아울러 관련 업체들의 기관명까지 확인 가능하다. 그렇게 검색되는 프롭테크 업체를 확인 후 자신의 목적에 맞는 업체를 선택하고 활용하면 된다.

아파트 매도, 매수로서의 매매 중개를 메인 비즈니스로 하는 프롭테크 업체를 통해서도 가능하지만 중고 거래 플랫폼을 통한 직거래도 가능하다. 2025년 현재 시점으로 부동산 직거래 사례가 늘고 있으며 이러한 직거래 사례 증가는 중개 및 부동산 시장에도 영향을 미치고 있다(서정렬, 2025).

부동산 직거래에 많이 사용하는 플랫폼은 '당근 마켓'이다. 이 업체 또한 프롭테크 스타트업 가운데 하나로 우리나라 프롭테크 업체들의 단체인 '한국 프롭테크 포럼(Korea Proptech Forum)'의 회원사이기도 하다. 중고 거래 사이트 플랫폼은 2030 세대가 상대적으로 많이 사용해 왔으나 최근에는 4050 세대나 5060 세대도 디지털 플랫폼

사용이 증가하는 추세와 맞물려 지속적으로 사례 건수가 늘고 있다. 특히 1인 가구 중심의 사용 빈도가 높다는 점에서 직거래 경향은 앞으로도 지속될 가능성이 크다고 할 수 있다. 그런 점에 비추어 직거래 시 계약서 작성 및 법적 보호 문제와 사기 및 허위 매물 위험성 그리고 가격 책정의 어려움과 계약금 및 잔금 지급 시 유의 사항에 미리 대비해 만약에 있을 수 있는 리스크를 최소화할 필요가 있다.

아파트가 아닌 근린 생활 시설이 있는 소형 근생 건물이나 나대지 등에 관심이 있는 소비자들이라면 밸류맵이나 랜드북 등의 프롭테크 업체들을 검색한 후 애플리케이션을 다운받아 스마트폰을 통해 활용 가능하다. 이들 업체들은 근생 건물의 거래 시세 등을 확인할 수 있을 뿐 아니라 특정 지번에 기존 건축물을 철거 후 새로운 건축물을 건축하고자 할 때 현행 건축법과 지번이 있는 자치구 조례 등을 실시간으로 고려해 생성형 AI를 통해 3D 형태로 건축 가능한 건물 형태를 제시한다는 점에서 아파트 시세와 시장 상황을 제공하는 다른 플랫폼과는 차별화된다고 할 수 있다.

앞으로 부동산 프롭테크 스타트 업체들은 더욱 다양한 형태의 서비스를 제공할 것으로 예상된다. 왜냐하면 인공지능 기술의 발전이 빠르게 진행되고 있으며, 이에 따라 플랫폼 업체들의 서비스가 다양하지 않거나 차별화되지 않으면 곧 전개될 AI 에이전트 시대에 맞지 않아 기업의 영속성을 담보할 수 없게 될지도 모르기 때문이다. AI 에이전트(agent, 비서)가 사용자의 의도를 이해해 자율적으로 작업을 수행하는 지능형 시스템을 의미한다는 점에서 부동산과 관련된 개인 각자의 필요, 즉 거주하고 싶은 지역과 지불 가능한 적정 가격, 적정 평형대의 주거 상품을 합리적으로 선택해 제안 가능하다는 점에서 업체 간 플랫폼 서비스는 현재 수준 이상의 서비스가 제공될 것으로 예상된다.

프롭테크는 부동산 시장의 효율성과 투명성을 높이며, 부동산 리터러시를 갖춘 개인들이 보다 합리적이고 효과적인 의사 결정을 할 수 있도록 도울 것이다. 또한 앞으로 프롭테크 기술이 더욱 발전함에 따라 부동산 시장의 패러다임이 변화할 것이며, 이에 대한 이해와 활용 능력을 갖추는 것이 중요한 경쟁력이 될 것이라 판단된다.

참고문헌

서정렬(2024.2.12.). 1인 가구와 '요리(Food)' 그리고 '부동산 엔터테인먼트', ≪1코노미뉴스≫. https://www.1conomynews.co.kr/news/articleView.html?idxno=27077

서정렬(2025.2.24.). [부동산현장] '부동산 직거래' 경향과 주의가 필요한 이유, ≪양산신문≫. https://www.yangsanilbo.com/news/articleView.html?idxno=114645

서정렬(2025), 『생성형 AI와 도시·부동산』, 커뮤니케이션북스.

서정렬(2025), 『생성형 AI와 1인 가구』, 커뮤니케이션북스.

당근마켓. https://www.daangn.com

한국프롭테크포럼. https://proptech.or.kr/

zum 허브. 'MZ세대'의 등장과 '프롭테크'의 성장, https://hub.zum.com/invest_16/mz%EC%84%B8%EB%8C%80%EC%9D%98-%EB%93%B1%EC%9E%A5%EA%B3%BC-%ED%94%84%EB%A1%AD%ED%85%8C%ED%81%ACproptech%EC%9D%98-%EC%84%B1%EC%9E%A5-104794

08

부동산 정책 수립과 결정

정책이 효과를 발휘하려면 시장이 신뢰를 기반으로 반응해야 한다. 그러나 한국 사회에서는 정부 정책이 정권 교체에 따라 급격히 바뀌고, 규제 강화와 완화가 반복되면서 시장에 일관된 신호가 주어지지 않는 경우가 많았다.

부동산 정책에 대한 이해

부동산 정책은 주택과 토지를 포함한 부동산 시장의 안정적 운영과 국민 주거권 보장을 목적으로 한다. 한국의 경우 부동산이 국민 생활의 핵심 기반이자 자산 축적의 주요 수단이라는 점에서 정책의 내용은 광범위하게 설정되어 왔다. 크게 보면 공급 확대 정책, 수요 관리 정책, 경기 조절 대책, 서민 주거 안정 대책, 투기 억제 대책, 금융 및 세제 지원 대책 등이 그 범위를 이룬다.

첫째, 공급 정책은 주택의 절대적 부족 문제를 해결하기 위해 도입되었다. 1970~1980년대의 대규모 주택 건설, 2000년대 이후 신도시 개발, 최근의 3기 신도시 조성 정책 등이 대표적 사례다. 공급 정책은 단순히 신규 주택 건설만이 아니라, 도시 재개발 · 재건축, 공공 임대 주택 공급, 공공 택지 조성 등 다양한 방식으로 추진된다. 특히 주택 부족이 사회적 문제로 인식되었던 시기에는 공급 중심의 정책이 시장 안정을 위한 가장 중요한 수단으로 간주되었다.

둘째, 수요 조절 정책은 과열된 시장 수요를 억제하는 데 목적이 있다. 대표적으로 주택 담보 대출 비율(LTV), 총부채 상환 비율(DTI)과 같은 대출 규제 장치가 있다. 이러한 금융 규제는 실수요자를 보호하고 과도한 차입을 통한 투기적 수요를 억제하는 효과를 노린다. 또한 청약 제도의 가점제 강화, 분양권 전매 제한 등도 수요를 관리하는 중요한 수단으로 활용된다.

셋째, 경기 조절 대책은 부동산 시장이 거시 경제의 흐름과 밀접히 연결되어 있다는 점에서 중요하다. 주택 경기가 과열될 경우에는 대출 규제 강화, 세제 중과, 거래 제한을 통해 시장을 식히고, 반대로 침체기에는 공급 확대, 세제 감면, 대출 완화 등의 방식으로 경기를 부양한다. 부동산 정책은 거시 경제의 경기 순환 정책과도 밀접히 맞물려 시행된다.

넷째, 서민 주거 안정 대책은 공공 임대 주택, 주거 급여, 청년·신혼부부 주거 지원 정책 등으로 구체화된다. 직접 공공 임대 주택을 공급하는 방식과 주택 도시 기금 등을 활용한 금융 및 세제 지원 방식이 있다. 디딤돌 대출, 보금자리론과 같은 장기·저리 대출 상품이 대표적이다. 또한 생애 최초 주택구입자 세금 감면, 주택 담보 대출 이자 소득 공제 등 세제 지원도 병행된다. 이는 주택 구입의 초기 비용을 줄이고, 무주택자에게 실질적 도움을 주는 장치로 활용된다. 최근에는 청년과 고령층, 1인 가구 등 다양한 계층에 맞춘 맞춤형 임대 주택이 확대되고 있다.

다섯째, 투기 방지 및 억제 대책은 토지 거래 허가제, 분양가 규제, 전매 제한, 다주택자 규제 등으로 나타난다. 투기적 수요는 단기간에 가격을 급등시키고 시장 불안을 가속화하기 때문에, 이를 억제하는 장치는 부동산 정책의 핵심적 기능 중 하나다. 특히 2000년대 이후 강남 아파트 가격 급등과 같은 현상이 반복되면서 투기 억제 정책은 거의 모든 정부에서 공통적으로 추진되어 왔다

정책은 누가 만들고, 어떻게 시행되는가

부동산 정책은 다양한 정부 부처와 기관에 의해 수립·집행된다. 국토교통부는 주택과 토지 정책을 총괄하는 핵심 부처로, 주택 공급 계획, 주거 복지 정책, 도시 개발 계획 등을 직접 수립한다. 기획재정부는 세제 및 거시 경제 차원의 정책을 담당하며, 종합부동산세, 양도소득세, 취득세 등 주요 세제 정책을 설계한다. 또한 금융위원회와 금융감독원은 대출 규제, 주택 금융 제도, 금융 기관 감독을 통해 부동산 시장 안정에 중요한 역할을 담당한다.

그러나 정책은 중앙정부 부처만으로 이루어지지 않는다. 지방자치단체는 토지 거래 허가 구역 지정, 분양가 심사, 개발 사업 인허가 등 지역 단위의 정책을 집행한다. 특히 부동산 시장은 지역적 특성이 강하기 때문에 지방정부의 역할은 점차 확대되고 있다.

또한 공기업의 참여도 크다. 한국토지주택공사는 공공택지 조성과 공공 임대 주택 공급을 주도하며, 주택도시보증공사(HUG)는 분양 보증, 임대 보증 등 주택 거래 안정 장치를 제공한다. 이처럼 공기업은 정부 정책을 현장에서 집행하는 실질적 행위자로서 중요한 위치를 차지한다.

정책 주체가 다양하다는 것은 장점과 한계를 동시에 가진다. 여러 기관이 협력하면 종합적이고 다각적인 정책이 가능하지만, 때로는 부처 간 이해관계 충돌이나 정책 중복, 조율 지연 문제가 발생할 수 있다. 따라서 정책 수립 과정에서는 부처 간 협력과 조정이 핵심적 과제가 된다.

부동산 정책, 신화와 현실 사이에서

부동산 정책은 제도 설계만으로 자동적으로 작동하지 않는다. 정책이 효과를 발휘하려면 시장이 신뢰를 기반으로 반응해야 한다. 그러나 한국 사회에서는 정부 정책이 정권 교체에 따라 급격히 바뀌고, 규제 강화와 완화가 반복되면서 시장에 일관된 신호가 주어지지 않는 경우가 많았다. 이로 인해 정책이 본래 의도한 효과를 제대로 발휘하지 못하거나 오히려 시장 왜곡을 초래하기도 한다.

흔히 회자되는 "진보 정권이 들어서면 집값이 오른다"는 정권 교체 신화, 혹은 "정부 규제로 집값은 반드시 잡힌다"는 규제 신화가 대표적이다. 두 가지 모두 지나치게 단순화된 믿음이지만, 그만큼 정책과 시장의 긴장 관계가 왜곡되어 이해되고 있음을 보여 준다(김현아 2025).

해외의 사례를 살펴보면, 국가별로 부동산 정책에 접근하는 방식이 서로 다르다. 어떤 국가는 국가가 시장에 적극 개입해 제도를 만들었고, 어떤 국가는 시장 자율에 더 큰 비중을 두었으며, 또 다른 국가는 장기적 임대 제도를 정착시켜 주거 안정을 도모했다. 대표적인 사례로 싱가포르, 미국, 독일을 들 수 있다.

싱가포르: 국가가 직접 시장을 만든 경우

싱가포르는 주택 정책에서 국가 개입이 가장 적극적으로 이루어진 나라다. 1960년대 주택난이 심각했을 당시, 정부는 주택개발청(HDB, Housing and Development Board)을 설립하고 대규모 공공 주택 건설을 추진했다. 현재 싱가포르 국민의 약 80% 이상이 HDB가 공급한 공공 주택에 거주한다. 단순한 임대가 아니라 장기 분양 형식으로 제공되어, 국민 다수가 자가 소유 의식을 갖도록 유도한 것이 특징이다.

싱가포르의 HDB 정책은 토지 공급, 분양, 재판매를 정부가 철저히 관리하는 구조로, 투기적 수요가 개입할 여지를 최소화한다. 이처럼 국가는 단순히 시장을 보완한 것이 아니라, 사실상 시장 자체를 설계하고 운영했다는 점에서 '적극 개입형 모델'로 평가된다.

미국: 시장에 맡기는 경우

미국은 주택을 시장 상품으로 보는 시각이 강하다. 연방정부나 주정부가 대규모 공공 주택을 직접 공급하는 경우는 제한적이며, 대신 모기지 금융 제도를 발달시켜 국민이 시장에서 주택을 구입할 수 있도록 했다. 장기 고정 금리 모기지, 모기지 이자 소득 공제 제도는 미국 중산층이 주택을 소유할 수 있는 기반을 마련했다.

그러나 이러한 금융 의존 구조는 위험을 내포했다. 2008년 글로벌 금융 위기는 모기지 규제가 느슨해지면서 발생한 대표적 사례다. 미국에서 정부의 역할은 주로 세제 혜택과 금융 안정 장치에 국한되며, 공급이나 가격 통제에는 상대적으로 소극적이다. 결과적으로 미국의 부동산 정책은 시장 자율을 존중하면서도 금융 시스템을 통해 간접적으로 개입하는 시장 자율형 모델로 볼 수 있다.

독일: 장기 임대를 제도화한 경우

독일은 자가 보유율이 낮고 임대 비중이 높은 국가다. 독일의 주택 정책은 "모두가 집을 소유해야 한다"는 목표 대신, 임차인의 권리 보호와 장기 임대 계약 제도화에 중점을 두었다. 독일 민법과 임대차 보호법은 임대료 인상률을 제한하고, 임차인이 원하면 장기간 동일 주택에서 거주할 수 있도록 보장한다. 이러한 장치 덕분에 독일에서는 임대 주택 거주가 불안정하거나 열등한 선택으로 인식되지 않는다.

독일은 안정적인 임대 시장을 제도적으로 보장함으로써, 자가 보유율을 높이지 않고도 주거 안정을 확보했다. 이는 '임대 안정형 모델'로, 한국과 같은 고율 자가 소유 사회와 뚜렷한 대조를 이룬다.

비교와 시사점

세 가지 모델 모두 장점과 한계를 동시에 지닌다. 싱가포르는 주거 안정에 성공했으나 과도한 정부 개입이 시장의 자율성을 제약한다는 비판을 받는다. 미국은 시장의 효율성을 극대화했지만 금융 위기처럼 부작용이 크다. 독일은 세입자 보호가 강력하지만 자가 보유 욕구가 강한 계층에는 불리할 수 있다.

이 사례들이 보여주는 핵심은, 만능 정책은 존재하지 않는다는 사실이다. 부동산 정책은 시장과 정책이 균형을 이루어야 하고, 무엇보다 정책에 대한 신뢰가 전제되어야 한다. 한국 사회에서 반복되는 "정권 교체 신화"나 "규제 신화"는 결국 시장과 정책의 긴장 관계를 단순화한 서사일 뿐이다. 해외의 사례는 이를 다시금 일깨운다. 정책은 어느 한 방식만으로는 완벽히 작동하지 않으며, 정책 신뢰의 축적과 시장 기능의 순기능 작동이 함께 뒷받침될 때만 효과를 발휘할 수 있다.

참고문헌

국토연구원(2022). 「청년층 주거실태와 정책과제」, 국토연구원

국회입법조사처(2020). 「부동산 관련 금융정책 현황과 쟁점」

금융위원회(2021). 『가계부채 관리방안』 보도자료. 금융위원회

기획재정부(2019). 『부동산 시장 안정 대책』, 기획재정부.

김현아(2025.7). "부동산 신화는 왜 반복되는가", [김현아의 시티라이브] ≪이코노미스트≫. https://economist.co.kr/article/view/ecn202507090068

김현아(2023.2). 「이카로스 날개 된 집값 규제」. [김현아의 시티라이브] ≪이코노미스트≫. https://economist.co.kr/article/view/ecn202302070062

한국토지주택공사(LH)(2022). 『주거복지로드맵 실행계획』.

Housing & Development Board(2024). Annual Report 2022/23. Singapore: Government of Singapore. https://www.hdb.gov.sg

U.S. Department of Housing and Urban Development(2020). 『The Evolution of the U.S. Housing Finance System』.

https://www.hud.gov

Deutscher Bundestag. Mietrecht und Mieterschutz in Deutschland. Berlin: Bundestag, 2021. https://www.bundestag.de

09

부동산 직·간접 투자와 리스크 관리

부동산도 증권과 같이 투자 대상이다. 중개인을 통하거나 통하지 않고 개인이 직접 거래하면 직접 투자이고 리츠(Reit's)나 조각투자 형태로 거래하면 간접 투자다. 부동산에 대한 직 · 간접 투자는 모두 일단의 리스크를 갖는다. 리스크는 알고 있다고 피할 수 있는 것이 아니다. 피할 수 있으면 최선이지만 그렇지 않을 때는 회피(hedging)가 차선일 수 있다. 부동산 투자와 리스크 관리에 대해 알아본다.

증권을 사면 '투자(investment)'라고 하는데 부동산을 사면 '투기(speculation)'라고 부른다. 부동산에 대한 우리나라의 국민적 인식이 그만큼 너그럽지 못하다는 반증이다. 왜냐하면 1970년대 이후 소위 '개발의 시대'를 거치는 근대화 이후 부동산만큼 가성비 높은 투자 상품이 없었기 때문이고 부동산을 통해 부를 축적한 사람들이 있고 그런 격차(divided)로 인해 '부동산'에 대한 국민적 감정이 아직까지 예민하기 때문이라고 생각된다.

부동산 역시 투자의 대상이고 부동산은 대표적인 자산이라는 점에서 부동산 투자에 대한 문해력으로서의 리터러시를 갖추는 것은 필수적이라고 할 수 있다. 부동산 투자 방식은 크게 '직접 투자(direct investment)'와 '간접 투자(indirect investment)'로 나눌 수 있다. 그렇다고 투자의 방식을 직접 투자 또는 간접 투자 가운데 하나로 정할 필요는 없다. 자신의 부동산 투자 목적과 방향에 맞게 직접과 간접 방식을 혼용해서 사용하는 것도 방법일 수 있기 때문이다. 왜냐하면 부동산 시장이 상승 국면이냐, 하락 국면이냐에 따라 투자 방식이 다를 수 있다. 상승 국면일 때는 직접 투자가 당연히 바람직할 것이고 하락 국면에서는 간접 투자 방식이 리스크를 줄일 수 있는 방법이 될 수 있다. 그리고 투자 대상이 주거용이냐 상업용이냐에 따라 다를 수 있고 투자 대상 지역이 서울과 수도권이냐 지방이냐에 따라 운영 수익이나 운영 기간 등에서 차이를 둘 필요가 있기 때문이다.

직접 투자(direct investment)

부동산 직접 투자는 개인이나 기업이 직접 부동산을 매입하여 소유하고 관리하는 투자 방식이다. 이는 일반적으로 많은 자본이 필요하지만, 자산 가치 상승과 임대 수익을 기대할 수 있다는 장점이 있다.

부동산 상품별 직접 투자의 방법으로는 주거용 부동산, 상업용 부동산, 토지 투자 형태가 있을 수 있다.

주거용 부동산 투자는 아파트, 빌라, 오피스텔 등 주거용 부동산을 매입하여 임대 수익을 창출하거나 시세 차익을 기대하는 투자 방식이다. 장점으로는 비교적 안정적인 임대 수요, 장기적인 자산 가치 상승이 가능하다는 점이다. 단점으로는 초기 투자 비용이 크고, 공실 및 유지 보수 비용이 부담스러울 수 있다.

상업용 부동산 투자는 오피스, 상가, 호텔 등 수익형 부동산을 직접 소유하고 임대하여 수익을 창출하는 방식이다. 장점으로는 높은 임대 수익률과 다양한 임차인 확보가 가능하다는 점이다. 단점으로는 경기 변동에 따른 수익 변동, 상당한 초기 투자금이 필요할 수 있다는 점이다.

토지 투자는 개발 예정지 또는 저평가된 토지를 매입하여 장기 보유 후 매각을 통한 시세 차익을 기대하는 방식이다. 장점으로는 적은 관리 비용, 높은 시세 차익이 가능하다는 점이고 단점으로는 단기 수익 창출이 어려우며 개발 규제 등의 리스크가 존재할 수 있다는 점이다.

부동산 직접 투자의 활용은 주거 및 상업용 부동산을 직접 운영하며 안정적인 임대 수익을 창출할 수 있는 임대 사업 운영이 있을 수 있다. 낙후된 건물을 매입하여 리모델링하거나 재건축하여 부가가치를 창출하는 부동산 개발 및 재건축 방식이 있을 수 있는데 직접 매입해 거주하면서 재건축 등을 몸소 체험한다는 점에서 이러한 투자 방식을 '몸테크'로 부르기도 한다. 이외에 시세보다 저렴하게 매입하여 매각 차익을 얻는 방식으로 경매 및 공매 투자 등이 있다.

부동산 간접 투자(indirect investment)

부동산 간접 투자는 투자자가 직접 부동산을 소유하지 않고, 부동산 관련 금융 상품을 통해 투자하는 방식이다. 이는 적은 자본으로도 부동산 시장에 참여할 수 있는 장점이 있으며, 다양한 형태로 투자할 수 있다.

부동산 간접 투자의 방법으로는 리츠(REITs, 부동산 투자 신탁), 부동산 펀드, 부동산 관련 주식 투자와 부동산 P2P 투자 형태가 있을 수 있다.

리츠는 다수의 투자자로부터 자금을 모아 부동산에 투자하고, 그 수익을 배당하는 금융 상품으로 장점은 소액 투자가 가능하며, 전문가가 운용하여 안정적인 수익 창출이 가능하다는 점이다. 단점은 주식 시장과 연동되어 가격 변동성이 존재한다는 것이다.

부동산 펀드는 기관이나 개인 투자자가 자금을 모아 부동산 자산에 투자하는 펀드 형태의 투자 방식으로 장점은 다양한 부동산 자산에 분산 투자 가능, 전문가 운용으로 리스크 감소 등이며 단점은 환매가 어렵고 투자 기간이 길어 유동성이 낮다는 점이다.

부동산 관련 주식 투자는 건설사, 부동산 개발사, 부동산 관리 회사 등의 주식을 매입하여 간접적으로 부동산 시장에 투자하는 방법으로 장점은 부동산 시장 성장에 따른 주가 상승 기대와 비교적 유동성이 높다는 점이고 단점은 개별 기업의 실적에 따라 변동성이 클 수 있다는 점이다.

부동산 P2P 투자는 온라인 플랫폼을 통해 부동산 프로젝트에 투자하고 수익을 배분받는 방식으로 장점은 소액으로도 참여가 가능하며, 다양한 투자 기회가 제공될 수 있다는 점이다. 단점은 플랫폼의 신뢰도 및 프로젝트의 위험 요소에 대한 고려가 필요하다는 점을 들 수 있다.

부동산 간접 투자의 활용은 다양한 부동산 금융 상품을 활용하여 리스크를 분산할 수 있다는 포트폴리오 다각화와 직접 투자 대비 빠른 환매가 가능한 상품 선택으로 필요 시 자금 회수가 용이해 유동성을 확보할 수 있으며 부동산 시장의 성장 가능성을 고려한 장기적인 투자 계획 수립이 용이해 장기 투자 전략을 모색할 수 있다는 이점이 있을 수 있다.

부동산 투자 방식 비교 및 리스크 관리 방안

부동산 직접 투자나 간접 투자나 리스크는 발생할 수 있고 발생할 수 있는 리스크를 최소한으로 관리하는 방안 역시 부동산 리터러시 차원에서 모색할 수 있어야 한다.

직접 투자와 간접 투자 방식에 따른 초기 투자금, 투자 방식, 유동성, 관리 부담, 수익 형태, 리스크 등에 대한 사전 검토가 요구된다.

결국 투자자 자신에게 어떤 방식이 더 유리한가에 대한 투자 방식 결정이 중요하다고 할 수 있다. 안정적인 현금 흐름이 필요하다면 직접 투자를 통한 임대 사업 소득을 얻

표. 부동산 투자 방식 비교

구분	직접투자	간접투자
초기 투자금	높음	낮음(소액 가능)
투자 방식	부동산 실물 매입	금융상품 투자
유동성	낮음(매각에 시간 필요)	높음(환매 가능)
관리 부담	높음(임대, 유지보수 필요)	낮음(전문가 운용)
수익 형태	임대 수익 + 시세 차익	배당 + 주가 상승
리스크	부동산 경기, 공실 위험	금융시장 변동성 영향

는 것이 바람직하며 소액으로 분산 투자를 원한다면 리츠나 펀드 등을 통한 간접 투자가 바람직하다. 만약, 단기 매매 차익을 원한다면 경매나 재개발 사업 등에 대한 직접 투자가 용이하고 본인이 직접 의사 결정하는 것이 부담스럽다면 리츠나 부동산 펀드와 같이 전문가에게 맡기는 간접 투자 방식이 모색될 수 있다.

부동산 리터러시는 단순히 부동산을 매입하고 매각하는 것 이상으로, 투자 수익률 극대화와 리스크 관리를 위해 필수적인 역량이다. 부동산 직접 투자와 간접 투자는 각각의 장단점이 있으며, 투자자의 자본 규모, 투자 목표, 리스크 감내 수준에 따라 적절한 방식을 선택할 수 있어야 한다.

부동산 시장의 변화와 금융 환경을 고려하여 직접 투자와 간접 투자를 적절히 조합하는 것이 중요한 전략이 될 수 있다. 이를 위해 자신의 부동산 리터러시 역량을 지속적으로 강화하는 것이 필요하고, 시장 동향을 파악하는 노력 또한 필요하다고 할 수 있다. 왜냐하면 부동산 가격이 하락할 때보다는 상승하기 직전에 매입해서 가격이 오르는 '레버리지(leverrage, 지렛대)' 효과를 기대하는 것이 가장 바람직하기 때문이다. 그러나 '때(timing)'를 맞추는 게 쉽지 않다는 점에서 리스크 관리 차원에서 부동산 시장 동향에 대한 면밀한 파악은 필수적이라고 할 수 있다. 바야흐로 부동산 시장 자체가 이전처럼 무조건 오를 수 있다는 '직관(intuition)'이 통하는 시장이기보다는 뉴노멀(new normal) 시대로의 이행에 따라 이전과는 전혀 다른 부동산 시장이 전개될 가능성이 크기 때문이고 따라서 부동산 시장을 자료와 통계로 읽어낼 수 있는 부동산 문해력으로의 인식 전환이 필요하다고 할 수 있다.

참고문헌

서정렬(2023.11.16.). [서정렬칼럼] '청년주택(부동산)정책' 바라보는 청년들의 시선, ≪1코노미뉴스≫.
https://www.1conomynews.co.kr/news/articleView.html?idxno=25871

서정렬(2023.3.12.). [서정렬칼럼] 1인 가구가 만드는 트렌드, '월세화'와 '나마카세', ≪1코노미뉴스≫. https://www.1conomynews.co.kr/news/articleView.html?idxno=27605

서정렬(2024.7.18). [서정렬칼럼] '팔사'보다 '오구', 1인 가구와 '똘똘한 한 채', ≪1코노미뉴스≫. https://www.1conomynews.co.kr/news/articleView.html?idxno=30306

서정렬(2025.2.24). [부동산현장] '부동산 직거래' 경향과 주의가 필요한 이유, ≪양산신문≫. https://www.yangsanilbo.com/news/articleView.html?idxno=114645

https://chatgpt.com/share/67df8e57-04c0-800e-b379-78eeb9d98315

10

부동산 시장 특성과 전망

부동산 문해력은 남들이 가는 길을 좇는 것이 아니라, 자신의 조건과 필요에 맞는 항로를 설계하는 능력이다.
많은 사람들이 부동산 전망을 집값이 오를까 내릴까를 맞히는 일로 생각하지만, 실제로 중요한 것은 예측이 아니라 해석이다.
확장기와 고점, 조정기와 회복기를 반복하는 시장에서, 영원히 오르거나 영원히 내리는 흐름은 없기 때문이다.

여러 겹의 지도를 읽는 힘

부동산 시장을 단순히 가격이 오르내리는 그래프로만 이해하는 것은 현실을 지나치게 단순화하는 것이다. 실제 시장은 여러 겹의 지도가 겹쳐진 복합적 풍경에 더 가깝다.

우선 경제 전반의 흐름을 보여 주는 거시 경제 지도가 있다. 금리와 물가, 환율과 같은 지표는 개별 가구의 대출 이자와 직결되며, 이는 곧 주택 수요와 매매 시장의 활력을 좌우한다. 금리 인상 기조는 주택 시장을 크게 위축시키는데, 이는 단순히 '가격 하락'으로 끝나는 문제가 아니라 청년층의 주거 진입, 중산층의 대출 상환 능력, 노년층의 주택 연금 활용까지 연쇄적으로 영향을 미친다.

다음은 도시 계획의 지도다. 철도망, 도로, 신도시 개발 같은 계획 요소는 부동산 시장의 중장기적 지형을 바꾼다. GTX, 신공항, 신항만 같은 대규모 인프라 프로젝트는 특정 지역의 수요를 단숨에 끌어올리기도 하고, 해당 지역 토지 가치에 급격한 상승을 초래한다. 반대로 계획 변경이나 지연은 지역 경기와 부동산 가치를 흔들기도 한다.

또한 인구 사회학의 지도도 무시할 수 없다. 저출산과 고령화는 전체 인구수뿐 아니라 주거 수요의 형태까지 변화시킨다. 청년층이 줄어드는 지방 도시에서는 빈집이 늘어나고, 반대로 1~2인 가구가 늘어나는 대도시에서는 소형 주택과 임대 수요가 꾸준히 확대된다.

마지막으로 생활 문화의 지도가 있다. 주거에 대한 인식은 세대와 문화에 따라 달라진다. 과거에는 '내 집 마련'이 당연한 목표였지만, 오늘날 젊은 세대는 주거를 자산 축적의 수단보다는 생활의 질과 경험을 결정하는 공간으로 인식하기도 한다. 집은 단순히 재산이 아니라, 자신다운 삶을 구현하는 무대가 되고 있는 것이다. 반면 노인들에게는 자신들의 주된 자산인 주택을 노후 생활 자금으로 활용한다든가 안정적인 노후를 보낼 안식처로서 주거지 선택이 더 중요해지고 있다.

이 네 가지 지도를 함께 읽어 내는 능력이 곧 부동산 문해력이다. 문해력이 없다면 한 가지 지도에만 집중하다 전체의 풍경을 놓치기 쉽다. 하지만 여러 지도를 겹쳐 놓고 보면, 변화하는 시장의 흐름 속에서 자신이 서 있는 위치와 나아가야 할 방향을 훨씬 더 명확히 파악할 수 있다.

세대와 상황에 따라 달라지는 항로

부동산 시장은 세대와 상황에 따라 전혀 다르게 보인다. MZ 세대에게 주거 문제는 삶의 출발선에서 마주하는 가장 큰 고민이다. 집값이 소득에 비해 지나치게 높아 내 집 마련의 문턱은 점점 더 높아지고 있다. 이들에게는 단순히 "가장 좋은 집을 갖는 것"이 목표가 아니라 나의 소득·생활 패턴에 맞추어 가성비 있는 내 집 마련 전략을 세우는 것이 현실적인 과제가 된다. 전세와 월세, 청약과 분양, 신축과 구축 사이에서 합리적인 선택을 하기 위해서는 반드시 금융에 대한 이해와 정보 분석 능력이 필요하다.

주거비 조달은 대부분 대출 없이는 불가능한 경우가 많다. 그렇기 때문에 부동산 문해력은 단순히 계약서를 읽는 능력을 넘어, 대출 리스크를 최소화하고 금융을 건전하게 활용하는 역량을 포함한다. 상환 능력에 맞는 대출 구조를 선택하고, 금리 변동에 따른 위험을 관리하며, 정부의 지원 상품을 활용하는 지혜가 필수적이다.

반대로 중장년층과 시니어 세대에게 부동산은 다른 의미를 갖는다. 이미 집을 마련했더라도, 그 집이 노후에 적합한지에 대한 고민이 시작된다. 교외의 큰 집은 유지비와 관리가 버거울 수 있고, 계단이 많은 단독 주택은 고령기에 불편을 준다. 또한 "이 집을 팔아 노후 자금을 마련할 것인가, 자녀에게 물려줄 것인가" 같은 문제는 단순한 경제적 선택을 넘어 세대 간 관계와 삶의 방식에까지 영향을 미친다.

이처럼 같은 시장을 바라보더라도 각자의 출발점과 목적지는 다르다. 따라서 부동산 문해력은 남들이 가는 길을 좇는 것이 아니라, 자신의 조건과 필요에 맞는 항로를 설계하는 능력이다.

전망이 아니라 해석이 필요한 시대

많은 사람들이 부동산 전망을 '집값이 오를까 내릴까'를 맞히는 일로 생각하지만, 실제로 중요한 것은 예측이 아니라 해석이다. 예컨대 금리가 인상되면 단순히 "집값이 떨어진다"로 결론 내리는 것이 아니라 "이 금리 인상이 내 대출 상환에 어떤 의미가 있는가"를 짚어야 한다. 새로운 철도망 계획이 발표되면 "이 교통망이 내 생활 반경과 도시 구조를 어떻게 바꿀까"를 상상할 수 있어야 한다. 인구 고령화 통계가 나오면 "앞으로 어떤 주거 유형의 수요가 늘어날까"를 연결해서 해석해야 한다.

여기에 더해 시장이 사이클을 가진다는 점을 이해하는 것도 중요하다. 확장기와 고점, 조정기와 회복기를 반복하는 시장에서, 영원히 오르거나 영원히 내리는 흐름은 없다. 사이클을 이해하면 단기 변동에 휘둘리지 않고, 보다 긴 호흡으로 시장을 바라볼 수 있다.

또한 인구 구조의 변화는 장기적인 추세를 좌우하는 가장 강력한 요인이다. 한국 사회의 저출산 · 고령화는 지방 소멸과 수도권 집중이라는 양극화를 심화시키고 있다. 빈집 문제, 고령자 맞춤형 주거 수요, 청년층 주거 불안 등은 모두 인구 구조 변화에서 비롯된다(한국은행 2023). 따라서 문해력이 있는 사람은 단순한 가격 흐름보다 구조적 변화를 읽는 데 더 많은 관심을 기울인다.

새로운 기술과 주거 방식이 열어주는 길

오늘날 부동산 시장은 기술과 생활 방식의 변화로 인해 과거와는 다른 지형도를 그리고 있다. 정보 비대칭이 심했던 과거와 달리, 인공지능과 데이터 분석의 발전으로 개인도 전문가 못지않게 정보를 활용할 수 있게 되었다. 부동산 플랫폼의 AI는 사용자의 조건과 선호를 입력하면 적합한 매물을 추천하고, 대출 상환 부담이나 향후 교통망 변화까지 반영한 시뮬레이션을 제시한다.

특히 대출 의존도가 높은 한국의 주거 현실에서, 이런 도구는 리스크 관리에 큰 도움이 된다. 부동산 문해력을 갖춘 사람이라면 다양한 정보를 분석하고 활용하는 과정에서 AI와 같은 기술을 적극 활용해 더 건전하고 안전한 의사 결정을 내릴 수 있다.

주거 방식 또한 다양해졌다. 청년들은 코리빙(co-living)이나 워케이션(workation)을 통해 '소유' 대신 '경험'을 중시하는 주거 방식을 선택하고, 고령 세대는 UBRC

(University-Based Retirement Community, 대학과 연계되어 다양한 교육 · 문화 · 복지 서비스를 제공하는 고령자 커뮤니티)나 NORC(Naturally Occurring Retirement Community, 원래는 고령자를 위해 설계되지 않았지만 자연스럽게 고령자가 많은 지역 · 단지로 발전한 커뮤니티) 같은 모델을 통해 노후의 삶을 보다 주체적으로 설계한다 (Savills Korea, 2023, Worcation, 2024).

집은 이제 자산 축적의 수단을 넘어, 자신다운 삶을 구현하는 플랫폼이 되고 있는 것이다. 물론 이런 변화는 새로운 기회와 함께 새로운 격차도 낳는다. 정보를 능숙하게 다루고 기술을 활용할 수 있는 사람은 더 합리적이고 유리한 선택을 하지만, 그렇지 못한 사람은 여전히 시장 변동성에 취약하다. 자산 격차에 더해 정보 격차, 기술 격차가 새로운 불평등으로 나타날 수 있다는 점을 간과해서는 안 된다.

따라서 앞으로 중요한 것은 세대별로 부동산 문해력을 어떻게 키우고 활용할 것인가다. 청년층은 임대차 제도와 지원 정책, AI 기반 도구를 이해해 지금의 조건 속에서도 자신에게 맞는 거주 전략을 찾아야 한다. 중장년층과 시니어 세대는 보유 자산을 삶의 질과 연결해 재평가하고, 변화하는 주거 모델 속에서 노후에 적합한 선택지를 발굴

해야 한다.

결국 부동산 시장의 전망은 숫자로 찍히는 미래가 아니라, 문해력을 가진 개인이 만들어 가는 항로다. 건전한 투자와 금융 활용, 그리고 기술의 적극적인 수용은 그 항로를 더 안전하고 탄탄하게 만드는 수단이다. 남이 그려준 전망을 따라가는 대신, 스스로의 삶과 자산, 정보를 결합해 자신만의 길을 설계하는 것이야말로 변화하는 시장에서 흔들리지 않는 가장 확실한 길잡이다.

참고문헌

김현아(2025.7). 「부동산 신화는 왜 반복되는가」. [김현아의 시티라이브] ≪이코노미스트≫. https://economist.co.kr/article/view/ecn202507090068

김현아(2023.2). 「이카로스 날개 된 집값 규제」. [김현아의 시티라이브] ≪이코노미스트≫. https://economist.co.kr/article/view/ecn202302070062

김현아(2025.3), "부동산 매매의 기술? 시장흐름과 제도 이해하고 투자와 자산관리까지 가능해야", 부동산도 리터시가필요하다①, [김현아의 시티라이브] ≪이코노미스트≫. https://economist.co.kr/article/view/ecn202503120018

김현아(2025.3), "영어 조기교육보다 중요한 것은 금융,부동산 교육", 동산도리터시가필요하다②, [김현아의 시티라이브] ≪이코노미스트≫. https://economist.co.kr/article/view/ecn202503260021

김현아(2023.6), "도시주택의 미래는? 집과 호텔, 정주와 체류의 중간

어디쯤”, [김현아의 시티라이브] ≪이코노미스트≫.
https://economist.co.kr/article/view/ecn202306070005
한국은행(2023.11). “저출산 및 초고령사회: 극단적 인구구조의 원인, 영향, 대책”, 『경제전망 보고서 중 중장기 심층연구』.
Savills Korea(2023). 「Korea Co-living」. Savills Research Report.
https://pdf.savills.asia/asia-pacific-research/korea-research/korea-spotlight/h1-2023-coliving-final%28ko%29.pdf
Worcation(2024). 「Worcation이란」, Worcation 공식 홈페이지.
https://worcation.co.kr/gw/intro

서정렬

영산대학교 부동산학과 교수다. 가천대학교에서 도시계획학 박사학위를 받았다. 서울연구원과 주택산업연구원, 부동산 114 자회사에서 도시계획(설계)과 부동산 시장 분석과 관련 연구 프로젝트와 컨설팅을 통해 도시와 주거 및 부동산 분야와 관련된 융합적 연구와 컨설팅을 수행했다. 행정안전부 중앙보행편의증진위원회와 행정중심복합도시건설청 총괄자문위원, 부산시 산업단지계획심의위원회(부위원장), 경상남도 공공건축물 심의위원회 등에 참여하고 있다. 저서로 『도시공공디자인』(2016), 『젠트리피케이션』(2016), 『스마트 디클라인, 창조적 쇠퇴』(2017), 『1인 가구』(2016), 『부동산개발, 디벨로퍼』(2019), 『생성형 AI와 도시·부동산』(2025), 『인구 감소 시대 새로운 도시 재생 전략』(2025), 『생성형 AI와 1인 가구』(2025)가 있다. 이외에도 "빅데이터 분석을 통한 복합문화공간의 지역 콘텐츠 효과 분석"(2025) 등 주거와 부동산, 도시 관련 다수의 논문을 발표했다.

김현아

20대 국회의원을 지냈으며 현재 가천대학교 사회정책대학원 초빙교수다. 가천대에서 박사학위를 받았다. 한국건설산업연구원에 재직하면서 주택 및 도시와 부동산 관련 연구를 수행했다. 대통령직속 국민경제자문회의, 국가건축정책위원회 위원을 역임했다. 대한국토도시계획 이사, 정책부회장을 역임하면서 정책개발과 관련된 이론연구 및 학회 활동에도 다수 참여했다. 저서로는 『집생집사』(2023), 『저렴주택』(공저, 2017), 『젠트리피케이션』(공저, 2016), 『리셋 주택의 오늘 내일의 도시』(공저, 2018), 『도시는 브랜드다: 랜드마크에서 퓨처마크로』(공저, 2008) 등이 있으며, "미래주택산업 발굴 및 육성방안 마련을 위한 연구"(2015), "주택가격 안정과 지역균형 발전을 위한 기업도시(Company City) 개발방안"(2003), "강남지역 주택시장 분석"(2022) 등의 보고서가 있다. 2023년부터 이코노미스트(주간지)에 『김현아의 시티라이프』를 연재하고 있다.

서우빈

연세대학교 미디어문화연구 박사과정에 있으며 신촌문화정치 연구그룹 연구원으로 활동하고 있다. 미디어 산업과 제도 현장에서의 경험을 바탕으로 청년 세대, 젠더, 뉴미디어 문화를 주요 주제로 삼아 연구하고 있다. 공저 논문 "이성과 감정 사이, 심리상담 토크쇼를 통한 치유적 에토스의 구성: 〈오은영의 금쪽 상담소〉 텍스트 분석을 중심으로"(2023), "지망생(준비생)과 아카데미라는 공간"(2025), "미디어 환경 변화 속 아나운서 준비생의 열망과 수행"(2025), "유튜브 '집방' 수용과 청년세대의 주거 감각: 〈자취남〉 시청을 통해 구성되는 '평범함의 의미'"(2026) 등을 통해 주제 관련 문제의식을 구체화해 오고 있으며, 최근에는 유튜브 콘텐츠를 비롯한 뉴미디어 공간에서 드러나는 남성성, 뷰티와 성형 문화를 비판적으로 탐구하고 있다.